KB136188

The Wise Choice and Answer

지혜로운 선택과 정답

윤 신 지음

The Wise Choice and Answer

지혜로운 선택과 정답

머릿말

—

비워야 채워진다는 건 만고의 진리입니다. 스스로 비우고 나면 그 비운 만큼 반드시 채워지는 게 인생입니다.

다른 사람에게 좋은 것을 주면 그보다 더 좋은것이 채워지고, 좋은 말은 하면 할수록 더 좋은 말이 이어지고 좋은 글을쓰면 쓸수록 그 만큼 더 농익은 깊은 글이 이어지게 됩니다.

다른 사람을 이해하고 배려하면 내 가슴이 후련하고 다른 사람을 이해하지 못하면 내 가슴이 답답해 집니다. 내 마음을 넓히면 온 세상이 다 들어 오는 인생의 참 맛을 느끼게 됩니다.

참 가치있는 인생은 마음을 활짝열고 여여하게 미소지으며 공들여 정성으로 살아가는 것입니다. 그런 삶을 살아야 활기차고 보람넘치는 인생최고의 성취가 뒤따를 것입니다.

목차
contents

제 1 장 지혜로움

제 2 장 선택의 순간

The Wise Choice and Answer

제 1 장

지혜로움

01
친구

친구란 인생에서 가장 귀한 동반자

하지만 친구는 언제나 좋을 때만 있는 것이 아니며
나를 아프게도 서운하게도 하는 날이 있다.

나 또한 언제나 너의 편에 서는 것도 아니어서
너를 아프게도 서운하게 하는 날들도 있다.
그렇지만 기쁜 일이나 슬픈 일이 생기면
언제나 먼저 너의 이름을 부르고 너의 얼굴이 떠 오른다.

그렇게 우린 서로가 서로에게 힘이 되어 주고
기뻐해 주고 아파해 주고 위로해 주는
여전히 좋은 친구입니다.

영원한 나의 벗!
당신도 한 마음이리라 믿어요.

02

인생

내 곁에 있는 친구를 돌아본다.
내 이웃들을 돌아본다.
육십 평생을 넘어서면 살아온 나이를 세는 것 보다
同苦同樂을 함께 할 친구와 이웃들이
과연 몇이나 되는지 성찰 해보아야 할 것이다.

물질적인 수량이 많다고 해서 반드시
성공한 인생은 아닐 것이며
나와 내 주변을 돌아보는 성찰의 시간이 되어
인생을 헛되이 살지 않았는지
나침판이 되어 주리라 생각 됩니다.

03
나이

나이 들어간다는 것은
천천히 그리고 서서히
혼자가 되어 가는 것이라고 합니다.

홀로 있는 시간이 많아지고
상념이 많아지고
홀로 식사하는 시간도 많아지게 됩니다.
고독한 시간이 많아지는 것이지요.

하지만 항상 청춘을 유지하고자 한다면
내가 먼저 주변에게 연락을 취하여
자주 소통하며 어울려 살아가는 노력이 필요할 것입니다.

시간을 다스릴 줄 아는 사람만이
진정으로 멋진 노년의 모습이 아닐까 합니다.

04

인성(긍정의 힘)

척박한 인생을 살아가다 보면
자신도 모르는 사이
칭찬이나 긍정적인 사고보다는
불평, 불만, 비난 등 부정적인 사고에 물들기 쉽다.
뼈아픈 자기 성찰보다는 네 탓 하는 것이 간단하고 쉽다.

그러나
우리는 부정적 사고의 틀에서 벗어나
긍정의 힘으로 무장하는 주인공이 되기를 바랍니다.

05

부름

부름 받는 사람.
누군가 나를 불러준다면
나는 달려가리라.

부름 받지 못한 사람.
누군가 나를 불러주지 않게 되면
나는 가지 못한다.

우리가 세상을 살아가는데 정답은 없는 것이지만
보편타당한 기준과 정도가 있다.

초대 받지 못하고 환영 받지 못하는 이가 있다면
냉철한 자기반성이 우선이 되어야 하지 않을까요?

06

이웃사촌

"그러기에 이웃은 사촌이라 하지요
멀리 있는 친척도 사촌만은 못 돼요"
라는 노랫말이 있다.

이 말은 아무리 가까운 형제 친척이라 해도
자주 만나지 못하면
가까이 있는 이웃보다 먼 사이라는 뜻이다.

친구도 자주 만나지 못하면 멀어질 뿐만 아니라
잊혀 진다는 것,
눈에서 멀어지면 마음도 멀어진다는 말은
동서고금을 막론하고 진리인 듯합니다.

07
관계(상생)

벌은 꽃에게서 꿀을 만들 수가 있음에도
꽃에게는 상처를 남기지 않는다는
벌의 속성이 있습니다.

서로가 서로에게 고마운 존재가 되는
상생의 모습입니다.
꽃과 벌의 관계를 통해서 우리의 삶도
돌아보는 오늘 밤이 되기를 바랍니다.

08

약속[約束]

우리의 삶은
어찌 보면 약속의 연속이다.
아침에 눈을 뜨면서부터 잠자기 전까지
단 한 순간도 약속 아닌 것이 없다.

약속이란 지키는 것,
상대에 대한 최소한의 예의이며 신뢰감의 첫걸음이다.
사람이 신뢰를 잃게 되면
생명을 잃은 것과도 같을 것이다.

이만큼 중요한 약속을
항상 어기는 사람들의 변명과 이유는 가지각색.
매번 약속을 어기는 사람들은
항상 정해져 있던가?
약속은 신뢰와 경쟁력의 합일체입니다.

09

삶

『무소유란
아무것도 갖지 않는다는 것이 아니라
불필요한 것을 갖지 않는다는 뜻이다.
우리가 선택한 맑은 가난은
부보다 훨씬 값지고 고귀한 것이다.』
-법정스님『산에는 꽃이피네』中-

법정스님의 무소유 철학을 새겨봅니다.
욕심 부리지 않으며 슬기로운 생각을 통하여
긍정적 사고로 세상과 소통하며
건강하고 행복한 모습을 이어가는 삶,
이것이 진정 잘 사는 게 아닐까요?

10

권불십년 화무십일홍

십년 가는 권세 없고
열흘 붉은 꽃 없다는 말로,
부귀영화는 오래 가지 않는 못함을
비유적으로 이르는 말이다.

그러기에 그 권력을 잡고 있을 때
힘을 잘 쓸 수 있는 사람이 시간이 지나서도
역사 속 위인으로 존경받을 수 있는
사람이 될 것입니다.

11

노년(老年)

인생의 황혼기.

노년((老年).

이 시기는 자신이 쌓아온 것들을 즐겁게 쓰는 시기.

돈을 축적하거나 새로운 곳에

신규 투자하는 시기가 아니라는 것.

그러기 위해선

비워 내는 삶으로 전환하며

작은 여유와 쉼으로 조화를 이루며

살아가야 합니다.

12
악수 [握手]

『인사, 화해, 감사 따위의 뜻을 나타내기 위하여,
두 사람이 각자 한 손을 내밀어 마주 잡는 것』
악수의 사전적 의미이다.

악수에도 예절이 있다.
너무 세게 쥐거나
약하게 잡아서도 안 되며
손끝만 내밀고 악수해서도 안 된다.

악수 할 때는 상대방의 눈을 보면서 해야 한다.
아랫사람은 윗사람에게 먼저 손을 내밀지 않는다.

악수는 상호 존중을 강화시키는 효과가 있다고 합니다.
관계가 좋아서 악수를 하는 것이 아니라
악수를 하면 관계가 좋아지는 것입니다.

13

더불어

『구름은 바람 없이 못 가고
인생은 사랑 없이 못 가네』
울릉도 예림원 나무에다 조각으로 있는 글입니다.
뭐든지 어우러져 가야 한다는 뜻이겠지요.

햇살이 내리는 창가에 앉아
향 좋은 차 한 잔 앞에 놓고
친구와 담소도 나누고
술 한 잔에 정도 나누며
생각에 잠겨봅니다.

그렇지!
살아 있는 것이
기적이야,
이런 생각이 들기도 합니다.

14

친구보험

혹시 "친구보험"이라고 들어보신 적 있나요?
나이 들어서는 최고의 상품이 바로
종신보장 되는 "친구보험"이라고 합니다.

인생에서 가장 큰 선물은 친구입니다.
노년에도 친구가 많다는 건
그 사람이 인생을 잘 살았다는 것입니다.
참 행복한 일이지요.

저는
당신이
친구가 많아서
친구들이 늘 곁에 있으며
친구들과 즐겁게 살아가는
그런 당신이 되셨으면 참 좋겠습니다.

15

시련

시련(試鍊)이란
'겪어 내기 힘든 어려움'을 말한다.

어느 누구도 시련과 역경 없이는
이 세상을 살아갈 수 없다.
누구든지 시련과 역경을 겪어 보지 않고는
참다운 인간의 삶을 깨닫지 못할 것이다.
아픈 만큼 성숙해진다고 하지요.

시련이야말로
자기 자신이 무엇인가를 깨닫게 하고
참된 인생을 살아내기 위한 과정일 것이다.
시련이 닥치거든
긍정의 힘으로 잘 이겨내길 바랍니다.

16

내일

신이 인간에게 물려준 가장 큰 축복은
내일을 알 수 없는 베일로 가려 놓은 것이겠지요.

아무도 알 수 없는 내일이 있기에
두렵기도 하지만 또 설레기도 하지요.

우리는 날마다 새로운 꿈과 희망을 간직하며
오늘 하루를 마감 합시다.

不要怕 不要悔
“미래를 두려워 말고, 지나간 날들을 후회 마라.”는
뜻입니다.
삶은 우리에게 중년 이전에는 두려워 말고,
중년 이후에는 후회 말라고 합니다.

17
건강

성공을 위해서 필요한 키워드는
교육과 운동이다.
하나는 영혼을 위한 것이고
하나는 신체를 위한 것이다.

노후의 일상을 책임지는
건강과 체력 유지는 계속 되어야 한다.
새로운 감각, 인지에 필요한
교육과 운동은 한 고삐도 놓아서는
안 되는 쌍두마차입니다.

18

일장춘몽

인생 일장춘몽 (一場春夢)

한바탕의 봄꿈처럼 헛된 부귀영화.

길지도 않은 인생 속에서

많지도 않은 시간 속에서

그대 무엇으로 하여금 허덕이는가?

나도 빈손으로 가고

너도 빈손으로 갈 지언데

열흘 붉은 꽃은 없고

빈손으로 왔다가 빈 손으로 가는 길인데

그대 마음에 무엇이 그리도 무거운 추가 달려 있단 말인가?

『여보게, 저승 갈 때 무얼 가지고 가지?』

석용산 스님의 말씀,

마음의 울림을 줍니다.

19

그런 사람

(힘이 들어 눈물이 날 때) 기댈 수 있는 사람
(무작정 찾아가도) 언제나 반겨줄 사람
(내 속내를 털어도) 말없이 안아 줄 사람
(긴 시간 이야길 해도) 충분히 이해 해 줄 사람
(내게 무슨 일이 생겨도) 언제나 내 편이 되어 줄 사람

그런 사람 있으신가요?

20
시선

타인의 시선을 지나치게
의식하다 보면 과 몰입이 되어
스스로 무너지게 되는 경우를
주위에서 종종 보게 된다.
부질없고 미련한 일이다.

스스로 당당하고 떳떳하면
자신의 길을 가면 된다.
누군가가 나를 이유 없이
불편해 하고 싫어하는 건
그 고통은 내가 아닌 상대의 몫이다.

My way.
당당하고 묵묵히.
홀연히
자신의 길을 가시기 바랍니다.

21
말 한마디

고맙다.

잘한다.

수고했다.

고생했다.

네 덕분이야.

이런 말들은 언제나 해도 손해 볼 것이 없다.

차갑고 건조한 말 대신에

따뜻하고 행복을 전하는 말을 많이 하면

모두가 행복하게 된다.

칭찬은 고래도 춤추게 한다고 하지 않았던가요?

하루에 칭찬 백 마디 하기.

이런 마음으로 하루를 시작하면 좋겠습니다.

22
믿음

"아버지는 너를 믿는다."
내가 아들에게 자주 하는 말이다.

말하는 대로 이루어진다는 어느 노래 가사처럼
나도 내가 말하는 것들이 다 이루어지기를 바란다.

믿음은 삶이 지치고 힘들어 무너지려고 할 때
나를 단단해 질 수 있게 하는 것.
확신이 없어 흔들리고 위태로울 때
제자리에서 서 있을 수 있게 지탱 해 주는 것.

나는 너를 믿는다.
네가 바라는 것이 무엇이든 잘 되리라 믿는다.
너의 뒤에서 보이지 않는 곳에서 언제나 항상 응원한다.

뭐든지 잘 되리라 믿습니다. 그리고 응원합니다.

23
기회

아무것도 하지 않으면
아무것도 얻을 수 없다.
무엇을 얻기 위해서는
기회비용이 따르는 것이다.

어떤 사람이 밤새워 기도하기를
“하나님 저에게 한번만 기회를 주십시오.”
“제발 로또 1등 한번만 하게 해주십시오.”
그렇게 매일 기도를 했다고 한다.

하나님의 답은
“먼저 로또를 사라”였다고 한다.

아무것도 하지 않으면 아무것도 얻을 수 없다.
지혜로운 사람은 기회비용을
잘 활용할 것입니다.

24

여의길상

여의길상(如意吉祥)
이라는 말을 아는지요?

항상 길하고 상서로운 일들은
자기 의지에 달려 있다는 말로써
좋은 일을 생각하면 좋은 일이
생긴다는 것을 의미합니다.

당신의 생각이 좋은 당신이 되기를 바랍니다.
당신의 생각에서 좋은 일들만 가득하기를 바랍니다.
그리하여 당신의 앞길에 항상 좋은 일들만
생기기를 바랍니다.

25

역지사지

역지사지(易地思之).
입장과 처지를 바꾸어 생각해본다는 뜻으로
"처지를 바꾸어서 생각하라"
즉, 타인의 입장에서 헤아려 보라는 말입니다.

우리는 항상 내 생각과 내 입장만을 고집해서
실패하는 경우가 많습니다.

세상에서 자기 자신보다 중요한 건 없지만
상대방 입장을 고려하고 배려하는 자세가 필요합니다.
그리하면 자연스럽게 발상의 전환이 되어
새로운 길이 열리기도 합니다.

26

후회

사람이 죽을 때 보편적으로
세 가지를 회고한다고 한다.

1. 많이 베풀며 살지 못했음을.
2. 그때 조금만 더 참을 걸.
3. 왜 그리 여유 없이 살았던가?

단 하루를 살아도
후회 없는 삶을 살기 위해
오늘이 내 생애의 마지막 날이라면
과연 무엇을 어떻게 할까요?
하루를 마감하며 항상 하는 질문입니다.
그러면 거기에 답이 있지 않을까요?

27

수구초심(首丘初心)

여우가 죽을 때 제가 살던 굴이 있는
언덕 쪽으로 머리를 둔다는 뜻으로 고향을
그리워하는 마음을 이르는 말입니다.

자신의 근본을 잊지 않거나 혹은 죽어서라도
고향 땅에 묻히고 싶어하는 마음을 비유하는 말입니다.

초심(初心)
연어가 산란철이 되면 먼 길을 달려와
자신이 태어난 강에서 산란을 하는 연어를 보면
경건한 마음이 들기도 합니다.

우리가 처음 가진 마음.
초심을 잃지 않고 살아가시기
바랍니다.

28

안부

"별일 없으시죠?"
그냥 무심코 건넨 안부 인사.
하지만 언제부턴가 나는
별일 없이 산다는 것이 행복임을 깨달았다.
그리고 별일 없이 사는 것이
그리 쉽지 않다는 것 또한 깨달았다.

다들 별일 없으시죠?
지금 바로 소중한 인연들에게
안부 전화 해 보시기 바랍니다.

29

소중한 것

『소중한 것은 눈에 잘 보이지 않는다.』
생텍쥐베리의 <어린 왕자>에 나오는 말처럼
소중한 것은 눈에 잘 보이지 않는 법이라서
그것을 발견하는 사람만이 행복을 느낄 수 있다.

소중한 것들은 바로 내 곁에 있는 것들이다.
다른 무엇도 아닌 바로 자기 자신.
내가 존재치 않는 세상은 무슨 의미가 있을까?

이 세상에서 무엇보다 소중한 것은
자신의 마음속에 있는 스스로를 발견하는 일.
나 자신을 더욱 아끼고 사랑해야겠습니다.

30

어버이

『어버이 살아계실 제 섬기기를 다하여라
지나간 후면 애닯다 어이하리
평생에 고쳐 못 할 일 이뿐인가 하노라』
송강 정철의 '어버이 살아신 제'
조선시대 정철 선생께서 지으신 시조.

어버이, 즉 부모님 생전에 효도를 다 해야지,
돌아가신 후에 애닯다고 후회해야 소용없으니
살아계시는 동안에 잘 섬기도록 해야 한다는 말입니다.

세월이 아무리 흘러도
부모님 은혜에 대한 본질은 변함이 없기에
오늘도 읽어 봅니다.
"어버이 은혜 감사합니다."

31

인

한번 참으려 단 짝 친구가 되고
두 번 참으면 평생 친구가 된다.

참을 인(忍)자 세 번이면
살인도 면한다는 이 말,
참 진리인 듯
말처럼 쉽지 않은 참을 인(忍)
특히 친구 관계에선 무엇보다 중요하다는 생각이 든다.

사소한 인연도 잘 가꾸면 좋은 인연이 됩니다.
서로가 서로를 비추어 거울이 되어 주는 인연,
당신에게도 분명 그러한 인연이 있을 것입니다.

32

일편단심 (一片丹心)

오직 한 가지 변함없는 마음을 이르는 말.

옛날 산골 마을에 민들레라는 처녀가 있었다.
혼인하기로 한 낭군이 전쟁터에 나가 전사하였다.

민들레는 낭군을 그리워하다가 상사병으로 죽고
이듬해 봄이 되자
민들레가 낭군을 기다리며 밟고 다닌 마을 길 여기저기에
못 보던 꽃이 피어났다.

사람들은 그 꽃을 민들레의 혼이라 하여
'민들레'라고 부르게 되었답니다.

일편단심 민들레야~
조용필의 노래도 있지요.

33
아픔상처

불이 나면 꺼질 일만 남고
상처가 나면 아물 일만 남는다.
머물지 마라 그 아픈 상처에
『머물지 마라 그 아픈 상처에 』中 허허당

고정불변 된 영원한 것은 아무것도 없다.
이것만 알면 내 마음이 쉬워진다.
또한 자유로워진다.

모든 것이 내 손안에 있으면 무슨 재미가 있나요?
때론 아쉬움도 있고 부족함도 있어야
삶에 재미가 있겠지요.

오늘 하루도 잘 살았다고 생각 되면
그것으로 충분하다 생각합니다.

34

근력[筋力]

관절을 더 강하게 만듦

심혈관 건강 향상

뼈 건강 보호

근력 운동의 중요성이다.

팔 굽혀 펴기, 누어서 다리 들어올리기,

앉았다 일어나기, 윗몸 일이크기, 속보로 걷기

집에서 쉽게 할 수 있는 근력 운동이다.

나이가 들수록 잘 넘어지고 골절 사고가 많아지는 것은

근력이 현격히 줄어들어서 일어나는 일입니다.

매일 규칙적으로 1시간 30분을

나 자신에게 투자 해보시기 바래요.

나이 들수록 규칙적인 근력 운동은 필수입니다.

35

행복한 사람

나와 인연 맺은 사람들.
그들과의 만남을 기다리고
기다리는 시간이 가슴이 설레게 되고
이런 나를 보며
살아 있는 오늘이
감사한 하루로 시작합니다.

어디서 끝이 날지 모르는
인생의 여정에
만난 소중한 인연들.
말이 통하고 생각이 같고
말하지 않아도 눈빛 하나로도
내 마음을 헤아려 주는 그런 친구들.
그들이 있기에 나는 참 행복한 사람입니다.

36
감사한 삶

인생을 너무 잘 살아야겠다고 생각하면
지금의 인생이 초라하게 느껴진다.

잘 살아야겠다는 다짐이 드는 건
지금의 내가 잘 못 살아서가 아니라
세상으로부터 인해 책무감이 들 때이다.

더 잘 살겠습니다. 제가 잘 하겠습니다.
라는 말들은 다짐이지 호통이 아니다.

아침에 일어나 눈을 뜹니다.
눈을 뜰 수 있음에 그저 감사하고 감사합니다.
오늘은 누군가가 그토록 그리워하던 내일입니다.
바로 현재에 충실 하시기 바랍니다.
Here & Now.
(담백한 하루 되시기 바랍니다.)

37

나잇값

나는 지금도 숨을 쉬며 살아가고 있지만
나의 생명의 끝이 어디인지는 나도 모른다.

어디서 와서 어디로 가는지? 무엇을 위해 살아가고
있는지? 이런 것들은 궁금해 하지 않는다.

반면 굳이 알려고 하지 않는데
나이가 몇인지? 나이 몇 살에는 무엇을 해야 하는지?
나이에 대해서는 민감하다.

단지 나이가 중요 한 것이 아니라 어떻게 살아왔느냐가
중요하겠고 몇 살인가가 중요한 게 아니라 얼마만큼
나이 값을 하며 살아가고 있느냐가 중요하지 않을까?

내게 주어진 시간을 후회 없이 잘 살아 내는 게 나이 값이
아닐까 한다. 나이 값 잘 매기고 살아야겠습니다.

38

상처

말 한마디 표정 하나가 다른 사람에게 돌이킬 수 없는
상처를 입힐 수 있다는 사실에 우리는 주목해야 한다.

우리는 인생을 살아가면서 수많은 사람들과 만나고
자기의 생각이나 주장들을 펼치며 살아간다.

이때 사람들과의 연결통로는 말이며
어떤 말을 어떻게 하느냐에 따라 좋은 인간관계를
맺을 수도 있고 그렇지 못할 수도 있다.

말 한마디 표정 하나가 다른 사람에게 돌이킬 수 없는
상처를 입힐 수 있다는 사실에 우리는 주목해야 한다.

깊이 사유하지 않고 깊게 생각하지 않고 내뱉은 말들은
언젠가는 자기 자신에게로 화살이 되어 돌아온다는
사실을 잊어서는 안 될 것입니다.

39

만남의 축복

산행 길 짊어지고 가는 배낭이 너무 무거워
벗어 버리고 싶은 마음 굴뚝같았지만
꾹 참고 정상까지 올라가 배낭을 열어보니
그 속에 먹을 것이 가득했다.

인생도 이와 다를 바 없다. 인생이란 만남의 연속.
언제 어디서 누구를 어떻게 만나느냐가 중요하다.

사람이 살아가는 데 있어 가장 큰 축복이 바로
"만남의 축복" 아닐까? 좋은 배우자, 좋은 친구,
좋은 이웃을 만난다는 건 정말 큰 축복이다.

우리 삶에서 화려하지도 편안하지도
따뜻하지 않은 시간들은 아주 많습니다.
이겨내고 기다리면 산 정상에서
웃을 수 있는 시간이 찾아옵니다.

40

행복한 사람

천하를 통일하고 무한한 삶을 살고 싶어
만리장성을 쌓았던 중국의 진시황제

연봉을 단 $1로 정하고 애플을 창시하여
억만장자가 된 스티븐 잡스

철권통치로 영원히 북한을 통치 할 거 같았던 김일성.

재산이 13조로 가만히 있어도
매달 약 3천억 원의 돈이 불어나는 이건희 회장

이들 모두 세상을 떠났다. 이름만 남아 있을 뿐이다.

먹을 수 있고 걸을 수 있고 대화 할 수 있고
세상과 소통 할 수 있고 사랑하는 사람의 눈을 볼 수 있는
난 행복한 사람입니다.

41

인성(마음 가꾸기)

관상학과 인상학

사람이 생긴 대로 논다는 것을 관상학이라 한다.

얼굴에 책임을 지는 것은 인상학이라고 한다.

나이 들어서는 자신의 얼굴에 책임을 져야 한다.

관상보다는 인상을 더 중요하게 여겨야 할

나이가 된 것이다.

인상을 부드럽고 온화하게 가꾸기 위해서는

무엇보다 인성이 앞서야 합니다.

마음 가꾸기가 가장 중요한 일이니까요.

42

웃음

소문만복래(笑門萬福來)
웃으면 복이 온다는 뜻으로
건강한 웃음의 의미를 강조하는 말이지요.

오죽하면 태어날 때부터 울기부터 했을까만
있는 힘을 다 하고 살아도 먹는 것은 세끼요.
기껏 살아도 백년은 꿈인 것을.

재물이 늘어나면 근심이 늘어나고
지위가 높아지면 외로움도 더 하는 법입니다.
진정한 풍요로움은 물질에 있지 않습니다.
그것은 마음의 풍요에 있습니다.

마음껏 웃으며 사십시오.
웃어야 복이 오고 웃어야 건강도 찾아옵니다.
웃으며 살아갑시다.

43

마음

사람이 사람의 마음을 안다는 것. 최고로 어려운 일이다.
흔히들 내 마음도 모르는데
타인의 마음을 어찌 알 수가 있겠느냐고 한다.

믿음보다 불신의 골이 훨씬 깊은 세상,
서로가 믿지 못하기에 서로의 마음을 알 수가 없다.

그렇기에 내가 먼저 진실한 마음으로 대해야 한다.
내가 거짓되면 상대도 거짓되고
내가 진실하면 상대도 진실 할 수가 있다.
사람의 마음을 움직일 수 있는 자가 세상을 움직일 수 있듯
사람의 마음은 오직 진실한 마음에서 비롯됩니다.

진실한 마음.
작은 것에도 정성을 다하는 마음.
낙수 물로 바위를 뚫게 될 것입니다.

44

신호등

우리가 신호등 앞에서
기다릴 수 있는 이유는
곧 바뀔 거라는 걸 알기
때문입니다.

그러니 지금 다소 힘들어도
조금만 참아 내보도록 해요.
곧 바뀔 거니까!
꼭 바뀌어야 하니까요.

45

우선순위

삶에는 늘 우선순위가 있다.
먼저 해야 할 것과 나중에 할 것이 있고
가장 중요한 것과 덜 중요한 것이 있다.

선택과 집중 앞에서 스스로 하는 질문
"가장 중요한 것이 무엇인가?"라고 물으면
답이 명확해진다.

물론 그 답이 인터넷 검색창에서
나오는 것은 아니다.
오랜 내적 경험과 실패의 아픔,
자기 성찰, 영적 수행 등에서 얻어지는 것이고
그렇게 얻은 답이어야 올바른 답이 될 수 있습니다.

46
섭리

자식에겐 더 못 줘서 울고,
부모에겐 더 못 받아서 운다.

해는 달을 비추지만
달은 해를 가린다.
태양이 지면 그때가 저녁이고
인생도 그때를 거부할 수는 없다.

몸이 지치면 짐이 무겁고,
마음이 지치면 삶이 무겁다.

친구라서 이래도 되고 저래도 되는 게 아니라
친구라서 이래선 안 되고 저래선 안 된다는 것을
명심해야 합니다.

오늘도 그러한 하루가 되시기 바랍니다.

47
배려와 존중

뿌린 대로 거둔다는 말.
상처를 주면 상처로 돌아오고
희망을 주면 희망으로 돌아온다.

『말이 입힌 상처는 칼이 입힌 상처보다 깊다.』
라는 모로코 속담이 있다.
『말은 깃털처럼 가벼워서 주워 담기도 힘들다.』
라는 탈무드의 교훈도 있다.

상대를 낮추며 스스로를 높이고자 하는 사람.
상대를 무시하면 자신도 무시당하게 된다.

배려와 존중이 몸에 배게 되면 자신의 격이
높아지는 이치를 모르나 봅니다.

48
가야할 곳

문득 걸어온 발걸음을 내려다보며
발자취를 지워 버리고 싶을 때가 있습니다.

그 때 그 상황을 만나지 않았더라면
그 때 그 곳을 피해 갈 수가 있었더라면
하고 우리는 많은 후회를 하고 살지요.

하지만 비가와도 가야 할 곳이 있는 새는 하늘을 날고
눈이 쌓여도 가야 할 곳이 있는 사슴은 산을 오르고
길이 막혀도 가야 할 곳이 있다면
연어는 거친 물결을 거슬러 돌아옵니다.

인생이란 망망대해 위에 떠 있는 작은 배.
당신. 가야 할 곳이 있다면 노 저어 힘차게 나아 가세요
힘차게, 힘차게 노를 저어 나아가기를!
저도 응원하겠습니다.

49
가정家庭

가정家庭은 건물이 아니에요.

비록 작고 초라할 지라도
가족에 사랑이 넘친다면
그곳이야 말로 가장 위대한 집이 될 것이고.

서로를 아끼고 사랑하며 위로가
될 수 있는 그 곳,
그 곳에 모인 사람들,
가장 행복한 가정입니다.

50

따스한 말

따스한 말 한마디.
그 말은 사람의 운명도 바꿀 만큼
아주 강력한 힘을 지니고 있습니다.

스스로 되뇌며 당신의 하루를 시작해보라.
힘들어하는 당신의 친구에게 건네줘 보십시요.

그렇게 당신은 벌써 두 명의 운명을 바꾸었습니다.

The
Wise
Choice
and
Answer

지혜로운
선택과 정답

The Wise Choice and Answer

제 2 장

선택의 순간

51
나 자신

인생이란 알고 보면 자기와의 싸움이다.
그렇기에 진정으로 싸워 이겨야 할 대상은
타인이 아니라 내 자신이다.

내가 나를 이기면 세상도 이길 수 있지만
내가 나에게 지면 그 누구에게도 이길 수가 없다.

모든 것은 항상
'나'로 시작해서 '나'로 귀착됩니다.
이 사실을 간과해서는 안 되겠습니다.

52
마음

사랑하며 살기에도 부족한 시간.
우리 서로 사랑하며 감사하는 마음으로
살아가도록 해요.

그러니 부디 언성 높이지 말고
가슴에 못질 하지 말고
서로를 이해하고 포용하며
너그럽게 살아가 보아요.

인생은
누구에게나 짧으니
그 짧은 시간동안
애달픈 마음으로 살아가지 말아요.

53

무병장수

오랜 시간 건강하게 살아가는 것은
다 자신의 노력에 달렸다.

밥공기를 2/3으로 소식하며
쌀 설탕 소금 3白도 줄이고
포화지방산은 멀리하고
취침 전 음식 섭취도 피해라.
전부 만병의 근원이에요.

채소 과일 멸치 시금치 양파
칼슘 꽁치 삼치 고등어 당근
마늘 굴 많이 먹고
하루 30분씩 일주일에 세 번 이상 걸어요.

오래오래 건강하게 무병장수하며 살아요.

54
관계

관심을 가지면 인연이 되고
공을 들이면 필연이 된다.

세 번 만나면 관심이 생기고
다섯 번 만나면 마음의 문이 열리고
일곱 번 만나면 친밀감이 생긴다.

세상에서 가장 어려운 일을 고르라면
나는 누군가에게 마음을 얻는 것이라 답하겠습니다.

누군가의 마음을 얻고 싶다면
내가 먼저 마음의 문을 열고 다가가야 합니다.
그래야 상대도 마음의 문을 열고
당신에게 다가갈 것입니다.

55
행복

나는 행복합니다.
나는 행복합니다.
나는 정말 행복합니다.
이렇게 노래가사처럼 소리 높여 부르면
언젠가는 반드시 행복해지게 되지 않을까?

행복은 마음에 달려있는 것.
인생사 다 마음먹기 나름이라 하지 않던가?

정말로 행복해 지고 싶다면
긍정의 힘을 빌려 최면을 걸어 보자.
나는 행복하다
나는 행복하다
나는 행복하다...

그리하면 틀림없이 행복해질 것입니다.

56

지혜

새들이 바람 불 때 집을 짓는 이유는
바람을 견디고 지어진 집이 더 단단하기 때문이다.

'우후지실'
비 온 뒤에 땅이 굳는다는 말처럼
고난과 역경을 이겨낸 후에야
비로소 원하는 것을 얻을 수가 있다.

말 못하는 새들의 지혜를 인간도 배워야 합니다.
인생은 등가교환이라 하지 않던가요!

57

시간

열심히 쫓지 않아도 가는 게 시간이고
힘들게 밀어내지 않아도 만나게 되는 게 세월일진데

우리들의 앞날도 그럴 것이에요.
더디게 간다고 결코 혼낼 사람 하나 없으니.
천천히,
오순도순 산책하듯
유유자적,
그렇게 가는 길이어도
나무랄 사람 하나 없습니다.

그러니 우리.
너무 많은 것, 너무 큰 것,
너무 욕심내지 말고 살아가도록 해요.

58
미소

긍정적인 사람의 얼굴에는
언제나 미소가 가득합니다.
화사하게 웃으며 주변 사람들에게
기쁨과 행복을 선물하는 사람,

당신도 주변 사람들에게 행복을 전해주는
햇살 같은 사람이 되어봅시다.

59

과유불급

현대인의 불행은 모자람이 아니라
오히려 넘침에서 온다.

어리석은 자.
채우려 급급하기보다
비우면 비로소 자유로워는 것을 모르기에
그는 모자람이 채워지면 만족하기보다
더 채우려는 과욕으로 불행을 자처한다.

그렇게 스스로 불행을 맞이하는 자들을
우리는 주변에서 많이 봐 왔습니다.
넘침은 모자람만 못하다기에
적당함이 가장 좋은 것을 모르는 것이지요.

60

뇌졸중

뇌졸중은 기립성 빈혈에서 비롯된다.

사람은 긴 시간 앉았거나, 누웠거나 잠을 자다 일어나면
온 몸에 가라앉았던 혈액이 뇌까지 전달될
시간이 필요하다.

뇌졸중 예방은 매우 간단하다.
잠에서 깨었거나, 누웠다가 일어날 때
아래와 같은 단계를 거쳐보자.

1. 눈을 뜨고도 약 30초가량 그냥 누워 있는다.
2. 일어나면 침대 아래로 발을 내리거나 앉은 자세로
30초가량 그대로 있는다.
3. 30초 정도 느린 동작으로 몸을 세운 뒤 움직인다.

예방은 치유보다 중요합니다. 모두 건강 합시다.

61

베풂

꽃은 피어도 소리가 없고
새는 울어도 눈물이 없고
사랑은 불타도 불꽃이 없다.

장미가 좋아 꺾었더니 가시가 있고
친구가 좋아 사귀었더니 이별이 있고
세상이 좋아 태어났더니 죽음이 있다.

부디 좋은 사람을 찾고자 하지 말고
스스로 좋은 사람이 되고자 노력하시기를.

무엇을 바라지 말고 먼저 베풂을 실천해
여유롭게 살아가시기를 바랍니다.

62
사이

틈이 있어야 햇살이 파고들 수 있듯
사람과 사람 사이에도 틈이 있어야 들어갈 여지가 있고
들어온 사람도 마음이 편안해집니다.

틈이란 허점이 아니며.
사람과 사람을 이어주는 소통입니다.

만약 당신이 소통의 부재로 마음 고생하였다면
먼저 마음의 문을 열고 유연한 마음으로
소통의 시간을 가져 보시기를 바랍니다.

63

통通

궁하면 통한다.
몹시 어려운 처지에 이르게 되면 도리어
해결할 길이 생긴다는 말이다.

궁하면 통하고
통하면 변화하고
변화하면 오래 갈 수 있다.

하늘은 스스로 돕는 자를 돕는다고 하며
이러한 변화는 불리할 것이 없는 좋은 일이 될 것입니다.

64

유산

『이고 진 저 늙은이 짐 벗어 나를 주오
나는 젊었거니 돌이라 무거울까.
늙기도 서러워라커든 짐을 조차 지실까.』
영일 정씨 송강 정철의 시

우리 사회에는 '이고 진 늙은이'가 수두룩 합니다.
이고 진 늙은이를 위하는 마음 한 자락을
부디 사람들이 가슴 한편에 묻고
살아가기를 바래봅니다.

65

유유상종

유유상종 類類相從
비슷한 사람끼리 만나고 어울린다는 말이다.

어느 모임에 가면 유난히 활기차고 밝은 분위기에 이끌려
나도 모르게 마음이 상쾌해지고는 한다.
그곳에는 좋은 얘기들이 넘치고 차며
서로를 위로하는 말들과 칭찬과 격려가 함께 한다.

그런 만남을 끝내고 집으로 오는 길목에는
공허함도 시간을 낭비했다는 속상함도 없다.

그렇게 우리 서로 맑고 좋은 기운을 주고받는
사이가 되었으면 좋겠습니다.

66

걷기

나무는 뿌리가 먼저 늙듯이
사람도 다리가 먼저 늙습니다.

병 없이 오래 살려면 다리가
튼튼하고 건강해야 합니다.
다리가 건강하려면 걷는
길 밖에 없습니다.

하루에 만 보는 필수라지요.

67
환경

사람은 누구나 다 좋은 환경에서 태어나
좋은 사람과 좋은 집에 살고 싶고
좋은 차를 타고 싶고 좋은 음식 먹고 싶고
좋은 옷 입고 싶어 합니다.

사람은 누구나 다 그렇게 생각하지 않을까요?
그렇게 살고 싶은 것이 모든 사람의 마음 일거에요.

그것이 과연 욕심이고 탐욕일까요?
인지상정이 아닐지요.

68

원인(원인과 결과)

뿌린 대로 거둔다.
좋은 씨앗을 뿌려야 양질의 곡식을 얻을 수 있듯
모든 일은 원인에 따라 그에 맞는 결과가 생긴다.

잘못을 하면 벌을 받게 되고
착한 일을 하면 보답을 받게 되는 것처럼
본인이 행한 일에 대한 결과는
결국 본인에게 돌아옵니다.

69

인생길

우리 이제 앞으로의 세상살이
그저 그러려니 하고 살아갑시다.

한치 앞도 모르는 인생길
내 마음에 꼭 맞는 사람이 어디 있으며
난들 누구 마음에 그리 꼭 맞겠습니까?

내 귀에 들리는 다른 이들의 말들
어찌 다 좋게만 들리겠습니까?
내말도 남들 귀에는 다 거슬리게만 들릴 것입니다.

그러니 우리 그저
하늘 한번 쳐다보고
그러려니 하고 살아갑시다.

70

젊은 날

가끔씩 친구들을 보노라면
"이 친구 많이 늙었네."
라고 속으로 생각하는 경우가 종종 있다.

내가 그렇게 생각하듯
친구도 나를 보고 그렇게 생각하겠지.
하기야 세월이 이만큼 흘렀으니 늙은 게 정상이다.

코로나 시국이라 집에 혼자 있게 되는 경우가 많다.
그러면 빨리 늙는다.

오늘이 인생에서 가장 젊은 날이라고 하지 않던가요?
하루라도 젊을수록 친구들과 자주 어울려
즐겁게 살아가는 것이 최고가 아닐까 합니다.
그래야 안 늙습니다!!

71
관계개선

우리는 살면서 수많은 관계를 맺으며 살아 간다.
그중에는 다양한 이유로 대립하거나 충돌하면서
관계가 악화 되는 경우가 있다.

따지고 보면 별일 아니다.
모든 일은 오해에서 시작하여
소통 부재로 이어지는 것이다.

관계를 개선하고자 한다면
먼저 나부터 마음의 문을 열어야 합니다.
그리해야 이 부분이 전환점이 되어 악화된 관계가
회복할 수 있으리라 봅니다.

내가 먼저 마음의 문을 열고 손을 내밀어 봅시다.

72

인연

세상에서 가장 쉬운 일은 남을 비판하고 판단하는 일이며
가장 어려운 일은 자기 자신을 아는 일이다.

마치 열쇠와 자물쇠처럼 서로 조금씩 조율하여
딱 들어맞게 사는 것이 가장 중요한 일이다.

어떤 인연이든 소중하게 여기고 끊어지지 않도록
서로 맞추어보고 살며 공을 들여 보십시오.

73

긍정적인 마음

우리말에 "50,000가지 생각이 난다"는 말이 있다.
어떤 일이 닥치면 사람은
수만 가지 생각을 한다는 말이다.

더 놀라운 사실은 그 많고 많은 5 만개 생각 중
4만 9천개 이상이 전부 부정적인 생각이라는 것.

남을 미워하고 원망하며 분노하는 마음으로
스트레스가 쌓이게 되면
아드레날린이 분비되어 사람을 피폐하게 만들며
피를 혼탁하게 해
건강에 해롭습니다.

이제부터라도 자신의 건강을 위해
부정적인 생각보다 긍정적인 마음으로 살아 갑시다.

74

내 인생

사람은 살아가다 보면 언젠가는
오르막과 내리막을 맞닥뜨리게 된다.

그러나 오르막이라고 해서
계속 올라가는 것도 아니고
내리막이라고 해서 끝없이
막장으로 치닫는 것도 아니다.

그러니 오르막에서는 교만함을 버리고
내리막에서는 용기를 잃지 말고
지혜의 힘을 내어 가보자.

불평하지 말고 묵묵히 살다 보면
좋은 날이 오리라는 믿음을 가지고
굳세게 살아봅시다.

75

조화

조화 [調和]

어긋나거나 부딪침이 없이 서로 고르게 잘 어울림.

낮과 밤이 만나는 석양
새벽과 아침이 만나는 일출
찬란하게 지고 피는 것들이 아름다운 건
다름이 뜨겁게 만났기 때문 아닐까요?

오늘은 우리가 '서로 다름'을 인정하고
한 번 더 나를 뒤돌아볼 수 있는 시간이 되기를 바랍니다.

76

노년의 지혜

인간은 내가 다가가는 만큼 경계를 하며
물러서는 만큼 다가오는 게 심리이다.
시이소 게임을 하는 듯.

내가 먼저 자식들에게 연락을 할 때는
도통 받지를 않더니
한동안 연락을 하지 않으면
그 애들이 먼저 나에게 전화를 걸어온다.

내가 전화 걸때는 온갖 짜증만 가득한 말투더니
본인이 원해서 전화를 하면
대화 내용도 부드러워 진다는 것입니다.

자존심 싸움을 하나 싶기도 하지만
사실이 그렇습니다.

77

세상의 이치

누구도 거스를 수 없는 세상의 이치가 있다.

죽음에 대해 분명히 알고 있는 3가지.
사람은 분명히 죽는다.
나 혼자서 죽는다.
아무것도 가지고 갈 수 없다.

그리고 죽음에 대해 모르는 3가지.
언제 죽을지 모른다.
어디서 죽을지 모른다.
어떻게 죽을지 모른다.

세상을 떠날 때 많은 사람이 아쉬워 울어도
나는 웃으며 홀홀히 떠나갈 수 있도록
그렇게 미리 대비하며 살아갑시다.
웰 다이빙의 시대에 어울리게 말이지요.

78

만남과 인연

길은 잃어도 사람을 잃지 말라는 말이 있다.
세상을 살아갈 때 가장 중요한 자산이
사람이기 때문일 것이다.

길은 잃어도 다시 찾아가면 그만이지만
사람은 한번 잃으면 다시 찾을 수가 없다.

처음 만남은 하늘이 만들어 주지만
그다음 만남은 사람이 만든다.

그러니 부디 후회하기 전에
당신의 만남과 인연을 소중히
이어가길 바랍니다.

79

늙음

아이들은 아프면서 크지만
어른들은 아프면서 늙어 간다.

늙음은 결코 내 잘못이 아니지만
늙음과 함께 오는 고통과 불편은
받아들여야 하는 것이 하늘의 뜻이고 섭리라니
그것 참 더할 나위 없는 인생의 아이러니다.

피할 수 없으면 즐기라고 하였듯이
늙음을 피하려 억지로 애쓰기보다
곱게 늙고 나이 들어 즐겁게 살기를 바라는 것이
현명할 것입니다.

남을 원망하며 미워하고 불평하며 살기에는
남은 시간이 너무 짧습니다.

80

건강의 요인

< 건강의 3요소 >

1. Food(음식)

2. Sleeping(수면)

3. Exercise(운동)

1. 음식은 위(胃)의 4분의3만 (75%) 채우시고
절대로 과식(過食)하지 말고.

2. 잠은 밤 10시 전에 자고
아침 6시 전에 일어나고

3. 걷기운동으로 웬만한 병은 다 나을 수 있으니
매일 2km 이상을 걸으면 건강은 보장된다.

음식·수면·운동 이 세 가지를 잘 이행해서
건강한 삶을 살아갑시다.

81

행복

미워하는 사람이 많을수록 행복은 반비례하고,
좋아하는 사람이 많을수록 행복은 정비례한다.

미운 사람 만나지 말고
좋아하는 사람만 만나는 삶을 삽시다.

82

음식

혈액 속에 콜레스테롤이 많이 쌓이면
고지혈증에 이어 혈관이 좁아지는
동맥경화로 발전할 수 있다.
혈관이 막히면 심장병, 뇌졸중 등의 합병증이 온다.

음식을 잘 선택해서 먹고
운동을 꾸준히 해서 피를 깨끗하게 하자.

혈액-혈관의 청소를 돕는 음식 7가지
양파, 사과, 포도, 방울토마토, 가지, 귀리
그리고 견과류(호두, 잣, 땅콩 등)

잘 먹고 운동 열심히 해서 항상 건강 합시다.

83

시

『한 부모는 열 자식을 거느려도
열 자식은 한 부모를 못 거느린다.』
라는 속담이 있다.

참 슬픈 얘기지만 현실을 부정할 수가 없다.
그저 받아들이는 수 밖에..
굳이 위로하자면 사랑은 내리사랑이라 하니까요.

84

휴식

일이 없으면 쉬고
배가 고프면 밥 먹고
졸리면 잠을 자고
그렇게 몸이 시키는 대로 해보자.

어리석은 자는 본능에 이끌리는 것을 비웃을 것이나
지혜로운 자는 이 이치를 알고 바로 이행할 것이다.

스트레스 받는 일이 많을 때에는
내버려 두는 것도 답입니다.
악을 쓰고 이겨내려 하지 말고
무뎌질 만큼 휴식을 취해보는 것도
현명한 방법이 될 것입니다.

85

공통점

『상대와 친해지고 싶다면 공통점을 찾고,
상대와 멀어지고 싶다면 차이점을 찾아라.』
라는 말이 있다.

사람과 친해지려면
시간을 두고 천천히 그리고 오래 보아야 한다.
그렇게 서로의 공통점을 찾으려는 노력이 필요하다.

좋은 생각을 하게 되면 좋은 일이 생깁니다.
물처럼 바람처럼.
그렇게 인생을 유유자적하게 살아가도록 합시다.

86
살다가

살다가 힘든 일이 닥쳐도
누군가를 탓하지 말자.

살다가 울 일이 생겨도
누구를 원망하지 말자.

살다가 이별할 일이 생겨도
너무 슬퍼하지 말자.

살다가 행복한 일이 있어도
너무 오래 잡으려 애쓰지 말자.

사람이든 물건이든 손에 쥐려 잡으면 달아나고
잡고 있다고 해도 그게 다 내 것은 아닙니다.
인생사가 항상 그렇습니다.

87

각인효과

말(言)에는 각인효과가 있다고 한다.
같은 말을 반복하면 그것이 이루어진다는 말이다.
비슷한 용어로는 프라시보 효과라는 심리학 용어도 있다.

항상 "감사합니다"를 반복해서 말한 말기 암 환자는
온몸에 있던 암세포가 어느 날 갑자기 사라졌다고 한다.

긍정적인 마음과 정성스러운 말이
그에게 각인효과를 통해 행운을 불러준 것은 아닐까요?
여러분에게도 항상 행운이 가득하길 바랍니다.

88

상호관계 相互關係

사람은 항상
남을 칭찬해주고 싶을 때가 있는가 하면
남에게서 칭찬받고 싶을 때가 있다.

남에게 의지가 되어 주고 싶을 때가 있고
남에게서 의지 받고 싶을 때가 있다.

남을 보살펴 주고 싶을 때가 있고
남에게서 보살핌받고 싶을 때가 있다.

인간은 그렇게 남에게 주고 남에게서 받는
상호관계 속에서 살아갈 수밖에 없는 존재인 것 같다.

이 글을 읽고 있는 당신도
친구에게 위로나 희망의 말 한마디 전해주시길 바랍니다.

89
감사

세상에 사연 없는 사람 하나 없고
아픔 없는 사람 하나 없다.

그러나 사는 것이 괴로워 삶을 등한시하지 말자.
고독도, 슬픔도, 외로움도,
모두 살아 있기에 느낄 수 있는 감정이니까.

당신이 살아 있음에 감사합니다.
당신이 살아 있음은 축복입니다.

범사에 감사하라고 성경 말씀에도 있듯이
그냥 매사에 감사 합시다.
살아 있음에...

90
잊다

함께한 누군가의 기억 속에서
내가 잊힌다는 건 슬픈 일이다.

그렇게 기억은 시간에 따라 잊히기 마련이나
굳이 잊히기를 바라는 마음은
어리석고 애잔하다.

부처님 말씀 중
“가는 사람 잡지 말고
오는 사람 막지 말라.”
라는 말이 있다.

기다리지 않아도 언젠가는 잊힙니다.
이는 인간관계의 근본 원리이며 도리입니다.

91

건강 정보 알림

내 몸의 면역력이 떨어졌음을 알려주는
4가지 신호가 있다.

몸 여기저기 염증이 생긴다.
감기에 잘 걸리고 한번 걸리면 쉽게 낫지 않는다.
배탈이 자주 난다.
대상포진이 발생 한다.

돈을 잃으면 조금 잃은 것이고,
명예를 잃으면 많이 잃은 것이나,
건강 잃으면 모든 것을 다 잃은 것이라는 말이 있다.

건강이 최고의 재산입니다.
건강 잘 챙기시길 바랍니다.

92
나 자신

벌이 꿀을 애써 모아 놓으면
채 먹기도 전에 사람이 빼앗아 간다.

사람도 마찬가지다.
힘겹게 재산을 벌어 두면 다 써보기도 전에 죽는다.

모으는 사람이 있고 먹는 사람이 있다.
버는 사람이 있고 쓰는 사람이 있다.
제대로 해보지도 못했는데 정작 가져가는 자는 따로 있다.

벌들이 꿀을 모으는 이유가 뭘까?
우리가 돈을 벌려는 이유가 뭘까?
결국 본인이 쓰기 위함이 아닌가?

이제부터는 나 자신을 위한 투자를 게을리 하지 말고
나를 위해 쓰며 삽시다.

93
지금

혹시 이렇게 말한 적 있지 않나요?

형편이 나아지면, 나중에 돈을 벌면,
아직 내키지 않아서, 조금만 더 있다가,
생각 좀 해보고, 성공하고 나서,
여유가 생기면, 지금은 바빠서,
나중에, 다음에,
내일,
.
.
.
세월은 당신을 기다려 주지 않습니다.
하고 싶으면 지금 하세요.
나중으로 미루지 말고 당장 하세요.

어쩌면 당신에게 내일이 없을 수도 있습니다.

94
노년의 건강

건강관리는 남녀노소 가리지 않고
모든 사람들에게 필수적이다.

그러나 60살이 넘어 노화가 가속화 되는 시기가 오면
운동과 식이요법에 더욱 관심을 갖는 것이 더욱 좋다.
신체 건강이 유지될 때
노년의 정신 건강도 유지될 수 있기 때문이다.

노년의 건강을 유지하려면
규칙적인 운동과,
근육의 힘과 운동 기능의 유지를 위한
고단백 영양분이 풍부한 음식과,
섬유질이 풍부한 채소와 씨앗을
자주 먹는 것이 중요하다.

부디 노년의 건강한 삶을 사시길 바랍니다.

95

귀한 인연

살면서 수없이도 많은 사람과
인연을 맺고 살아왔지만
그중에서 당신과 만남은
세상 무엇과도 바꿀 수 없는 귀한 인연입니다.

어둠이 내린 시간
조용히 눈을 감고
반조해 봅니다.
참으로 귀한 인연입니다.

하루를 마감하는 시간
행복하시고 따뜻한 밤 되시기 바랍니다.

96

근본

근본 [根本]

사물이나 생각 등이 생기는 바탕.

사람에게 근본이 바로 서지 않으면

그 어떤 것도 신뢰할 수 없고

세상의 지지를 받을 수 없습니다

당신의 근본은 무엇으로 삼을까요?

97

화해

갈등과 다툼을 그치고
서로 가지고 있던 나쁜 감정을 풂.

화해하지 못하는 것은 옹졸한 자존심 때문이고
용서하지 못하는 이유는 고집스러운 생각 때문이다.

먼저 화해를 청하고 조건 없이 용서해보자.

화해와 용서는 손해를 보는 것이 아닙니다.
마음의 옹졸함과 고집을 버림으로서
기쁨과 평안을 얻게 되는 것입니다.

98
차이

상관과 리더의 차이란 무엇일까요?

상관은 사람에게 두려움을 느끼게 하고,
리더는 사람에게 의욕을 샘솟게 합니다.

상관은 책임을 추궁하고
리더는 문제를 해결합니다.

상관은 '해' 라고 말하고
리더는 '합시다.' 라고 말합니다.

상관과 리더의 가장 큰 차이는
질책하는 순간에 나오는
'말의 품격'에서 드러납니다.

99
안부

멀리 있는 형제보다
가까운 이웃이 낫다는 말이 있다.

그만큼 몸이 멀어지면 마음도 멀어진다
라는 얘기 아닐까요?

인연의 씨앗은 하늘이 주지만
인연의 뿌리를 내리게 하는 건 사람의 몫입니다.

한동안 소식 뜸했던 사람들에게
안부 전화 한번 해보는 것은 어떨까요?
많이 반가워 할 겁니다.

100

편안함

언제부턴가 그렇게 됐다.

부담스러운 옷보다 편한 옷이 좋아지고,

멋진 신발보다 걷기 편한 신발이 좋아지고,

불편한 사람보다 마음 편한 사람이 좋아진다.

나이 들어 갈수록
욕심 없는 가벼운 삶이 더 좋아진다.

편안함에서 나오는 여유로움
얼마나 소중한 건지
이제야 알 것 같습니다.

The
Wise
Choice
and
Answer

지혜로운
선택과 정답

The Wise Choice and Answer

제 3 장

정답과 오답

101
말 한마디

정감 있는 다정한 말은
귀를 타고 가슴으로 흘러가
온종일 꽃을 피운다.

말 한마디에
천 냥 빚을 갚는다는 말도 있다.

오늘 당신도 누군가에게
정감 있고 다정한 말 한마디 건네 보는
가슴 따뜻한 일을 해보시길 바랍니다.

102

갈등

갈등 [葛藤]

칡과 등나무가 서로 복잡하게 얽혀 있는 것에 비유해

개인이나 집단 사이의 이해관계 따위가 달라

서로 적대시하거나 충돌을 일으킴을 이르는 말.

사람이 모여 사는 곳에는

갈등이 없을 수가 없다.

부부간, 고부간, 친구간,

사회 구성원 간 등.

이럴 때 필요한 것이 바로 역지사지.

입장과 처지를 바꿔 생각해 서로 다름을 인정하는 것이

바로 갈등을 해소할 수 있는 길입니다.

103

그 사람

편하다고 함부로 대하지 말라.
잘해준다고 무시하지 말라.
져준다고 만만하게 여기지 말라.
한결 같다고 변하지 않을 거라 생각하지 말라.

사람 마음은 한 순간이다.
사람이 사람에게 등 돌리는 건 쉽다.
그러니 당신 곁에 있을 때 잘 해줘라.

나에게 소중한 사람은
대단한 능력을 지닌 게 아니라
나와 함께 밥을 먹고 전화를 하며
시시콜콜한 이야기를 나눌 수 있는
바로 그런 사람입니다.

104

나 자신

내가 없으면 이 세상도 없다.
내가 아프면 돈, 부귀영화 다 부질없다.
내가 건강하고 즐겁지 않다면
인생 오래 살아간들 무슨 의미가 있을까.

그러니 오늘부터 나만의 행복을 찾아서
나 자신을 아끼고 사랑해봅시다.

105
좋은 인생

어렸을 땐 마지막에 웃는 놈이
좋은 인생인 줄 알았다.

그런데 아니더라.
오히려 자주 웃는 놈이
좋은 인생이더라.

시간이 지나면 쌓이는 게 아니라
다 사라지고 없는 것들
더 이상 미루지 말고
신나게 웃고 놀면서 살자.
너무 아끼면서 살지 말자.

나중에 웃는 사람이 행복한 사람이 아니라
평소에 많이 웃는 사람이 진정 행복한 사람입니다.

106
근심

사람은 늙을수록 잡생각이 많아진다.
그래서 즐겁고 행복해야 할 노년을
근심 걱정으로 허비하는 사람이 생각보다 많다.

조금만 지혜롭고 슬기롭게 대처한다면
근심 걱정을 줄일 수가 있다.

바로 자신이 할 수 있는 것과
할 수 없는 것을 구별해야 합니다.
그 중 내가 할 수 없고 내 능력 밖의 것은
없던 일로 여기고 살아가야 합니다.

그렇게 해서 포기할 것은 포기하고
편안한 마음으로 살아가는 것입니다.

107
3가지 후회

암 병동의 유명 전문의가 4천 명 암 환자에게 질문한
죽기 전 가장 후회하는 일 3가지.

첫 번째 후회
너무 앞만 보고 살지 말걸.

두 번째 후회
돈을 모으기만 하지 말걸.

세 번째 후회
진짜 내가 좋아하는 것을 하며 살걸.

후회 없는 삶이라는 것에 정답은 없겠지만
지금부터라도 내가 좋아하는 것
후회 없이 다 해보며 살아갑시다.

108
비난

누군가에게 말로 공격을 받았을 때
그 비난을 설득하거나
험담을 따지려 하지 말자.

사회적으로 높은 지위에 있거나
능력 있는 사람을 깎아 내리는 것은
사람들이 흔히 가지는 보통 심리다.

비난은 결코 오래가지 않습니다.
비난은 그 사람의 일방적인 생각이나 주장일 뿐입니다.
그러니 당신은 그 비난을 한 귀로 흘려 버리며
마음의 평정을 찾으시기 바랍니다.

109

인성

진실한 말(言)이란
있는 것을 있는 그대로 받아들일 줄 아는
인성에서 시작됩니다.

세상에 빛이 되는 말
세상에 소금이 되는 말
세상에 양식이 되는 말
세상에 쓰임이 되는 말
세상에 거름이 되는 말

뿌린 대로 거둔다는 세상 이치 속
사람의 말은 경작하는 농부와 다르지 않다.

세상에 따뜻함을 전하는 말
많이 전하는 여유로운 하루 보내시길 바랍니다.

110
여유로움

복은 검소함에서 생기고
덕은 겸손에서 생기며
지혜는 깊은 생각에서 생긴다.

근심은 욕심이 많은 데서 생기고
재앙은 탐하는 마음에서 생기며
죄악은 어질지 못하는 데서 생긴다.

매사 검소하고 겸손하게,
지혜와 자비를 실천하며,
욕심과 탐욕을 내려놓는,
그러한 하루하루를 보내시길 바랍니다.

111

원하는 삶

뇌의 생각은 삶을 지배하고
혀의 말은 환경을 바꾸어 낸다.

원하는 대로 삶을 살고 싶다면
생각과 말부터 바꿔야 한다.

그런 말이 있다.
생각이 행동을 낳고,
행동이 습관을 낳고,
습관이 성품을 낳고,
성품이 운명을 낳는다.

모든 행동은 결국 생각에서 시작됩니다.
좋은 생각을 많이 하고
원하는 삶을 사시길 응원합니다.

112
특별한 날

사람은 내일을 알 수 없습니다.
그렇기에 살아있는 매일 매일이 특별하죠.

그러니 뒤로 미루지 마세요.

나중에, 시간이 나면,
돈을 벌면, 애들이 크면,
마음에 여유가 생기면,
사업이 안정되면,
앞으로, 언젠가...

시간은 당신을 기다려주지 않습니다.
아껴두지 마세요.
지금이 소중합니다.

113

그런 사람

우리는 살면서 무수한 사람을 만나고
그들과 연을 맺으며 살아간다.

고마운 사람이 있는 반면
미워하는 사람도 있고
반기고 싶은 사람이 있는 반면
외면하고 싶은 사람도 있다.

좋아하는 사람을 만날 때는
즐겁고 편안함을 느끼지만
싫어하는 사람을 만나면
온종일 불편하고 지루하다.

헤어져도 다시 만나고 싶은
그런 사람이 되길 바랍니다.

114
영원한 것

그런 사람이 어디 있겠나.
근심 걱정 없는 사람, 출세하기 싫은 사람
시기 질투 없는 사람, 흉이나 허물하나 없는 사람
없을 리가 없다.

가난하다 서러워 말자.
못 배웠다고 주눅 들지 말자.
살아보니 세상살이 다 거기서 거기더라.

가진 것 많다고 유세 떨지 말고
건강하다고 큰 소리 치지 말고
자기가 잘났다고 목에 힘주지 말고
남들과 편 가르지 말고
잘나고 못남을 평가하지 말자.

이 세상에 영원한 것은 아무 것도 없습니다.

115
자유로움

완벽해지려 하지 않는 연습이 필요하다.
너무 잘하려고, 너무 앞서려고,
너무 애쓰려고, 아등바등하며 살려 하지 말자.

사람이 매사 힘들여 살아가면 삶이 무거워진다.
조금만 가볍게 살아가도 나쁠 건 결코 없다.

인생을 여유롭게 살고자 함은
어제도 내일도 아닌
오늘을 행복하게 살아가기 위함이다.

완벽한 것이 행복한 것이 아니다.
행복한 것이 완벽한 것이다.

당신의 삶에 짊어진 무게를
조금은 내려놓아도 괜찮습니다.

116

도움 되는 말

말의 무게
다정함이 묻어나오는 단어에는
사랑이라는 무게감이 느껴진다.

예쁘다. 아름답다.
좋아한다. 사랑한다.
잘했다. 고맙다. 믿는다.
보고 싶다. 기다린다.
기대한다. 반갑다.
건강해라. 행복해라.

귀로 들릴 때는 소박할지 몰라도
가슴으로 느껴지는 깊이와 온도는
한없이 따뜻해집니다.

117

안부

안부,

우리는 사람들 속에 파묻혀 살면서도

사람이 목마른 메마른 세상을 살아가고 있다.

이 팍팍한 세상에서

누군가의 안부를 묻고 산다는 것.

누군가가 나의 안부를 물어준다는 것.

내가 그러한 사람이고

누군가 그러한 사람이 있다는 것이

얼마나 고마운 일이던지.

때로는 사람에게 사람만이

유일한 희망일 때가 있습니다.

118
최선의 삶

날아가는 새는 뒤를 돌아보지 않는다.

과거는 이미 지나갔고
미래는 오지 않았기에
현재를 최선을 다해 살아가는 이유.

새는 이미 알고 있는 것이지요.

119

주름

주름을 보면
그 사람의 삶,
그 사람의 생각,
그 사람의 태도,
그 사람의 마음이
다 보인다고 한다.

이 주름은 잘 웃어서 생긴 주름인가?
아니면 짜증과 불만으로 생긴 주름인가?

웃어서 생긴 주름은
다시 웃어서 펴질 수 있다.

주름이 펴지면 인생도 펴진다는 말이 있다.

많이 웃어 행복한 삶 이어가시길 바랍니다.

120
건강 지킴이

운동을 위해 시간을 내지 않으면
병 때문에 시간을 내야 할지 모른다.

운동은 하루에서 짧은 시간이지만
병은 인생을 길고 지루하게 만든다.
운동은 건강 지킴이다.

운동을 그동안 하지 못했다면
오늘부터라도 내 몸에 맞는 규칙적인 운동을 시작해
노년의 건강을 지키시길 바랍니다.

121
고사성어

樹欲靜而風不止 子欲養而親不待
수욕정이풍부지 자욕양이친부대
라는 고사성어가 있다.
나무는 고요하고자 하나 바람이 그치지 않고,
자식이 부모에게 효도하고자 하나 부모는
기다려 주지 않는다는 뜻이다

시간은 당신을 기다려주지 않습니다.
늦지 않도록 있을 때 잘해야 합니다.

지금 당신 곁에 있는 소중한 사람과 부모님에게
감사하다는 말, 오직 당신 뿐이라는 말
건네보는 것은 어떨까요?

122

평생 친구

내가 조금 손해 보더라도
상대를 위해 아량을 베푸는 너그러운 사람.
언제 만나도 늘 편안한 사람.
늘 변함없이 넉넉한 웃음을 가진 사람.
같이 있으면 편안해지는 사람.
언제 보아도 부담이 없는 사람.
항상 친근하고 스스럼 없는 사람.
든든해서 내 뒤를 믿고 맡길 수 있을 사람.

그런 사람을 곁에 둘 수 있다면 얼마나 좋을까?
당신은 그런 사람을 몇이나 곁에 두고 계신가요?

만약 단 한 명이라도 있다면
당신은 정말로 성공한 사람일 것입니다.

123
속담

'든 자리는 몰라도 난 자리는 안다'
라는 우리말 속담이 있다.

사람은 자신이 떠난 자리는
어떤 형태로든 기억에 남게 됩니다.

내가 머물렀던 자리는 어떤 자리일까?
내가 떠난 자리는 어떤 자리가 될까?
든 자리든 난 자리든
모두 누군가에게 귀하고 소중한 자리가 되었으면
좋겠습니다.

124
일장춘몽

인생은 일장춘몽 [一場春夢]

노세 노세 젊어서 노세
늙어지면 못 노나니

화무는 십일홍이요
달도 차면 기우나니라

이 민요를 자꾸만 되뇌이게 되는 건
어쩌면 나이 탓일지도 모르겠습니다.

나이 들어보니 알겠습니다
젊어서도 늙어서도 가장 소중한 건 건강입니다.
아픈 건 노인도 젊은이도 어쩔 수 없는 것이니까요.

부디 건강 하십시오.

125
모르는 인생

젊음.

꽃은 언젠가 다시 필 날이 오지만

인생은 다시 젊음으로 되돌아갈 수 없다.

사계절은 매년 오며 가며 우리를 찾아오지만

늙음은 한 해 지나면 떠나갈 줄을 모르는 것이

우리 인생이다.

그런 인생에서 나의 안부를 묻고

소식을 전해주는 친구 한 명 있다는 것은

큰 기쁨이지 않을까 싶습니다.

126
생각나는 사람

우리 서로 가끔 생각나는 사람이 되자.

가끔 소식도 전하고 가끔 서로의 걱정도 해주고
가끔 안부를 궁금해하고.

어디서 무엇을 하고 있는지 아주 가끔은 생각나는
그런 사이로 살았으면 좋겠다.

사람관계란 산길 같아서
사람이 오고 가지 않으면 잡초가 무성해진다고 하지요.

그렇게 우리 서로에게
잡초가 들지 않게 가끔 들러주는
잊히지 않는 존재가 되었으면 좋겠습니다.

127

편한게

편한 마음

살다 보니 점점 편한 게 좋아진다.
돈 많은 것,
명예로운 것,
잘난 것,
많이 배운 것,
그런 게 다가 아닌 것으로 변해갑니다.

그저 내 마음이 편한 게
최고로 좋습니다.

128

인생살이

사는 동안 나이가 들면 어린애처럼 속이 없어진다던데
돈이 많건 없건 원하건 원치 않건 자식이 있건 없건
마누라나 남편이 있건 없건 대부분 요양원에서
생의 마지막을 보내게 된다고 한다.

고려시대에 60살이 넘어 경제력을 상실한 노인은
밥만 축낸다고 자식들의 지게에 실려 산속으로
고려장을 떠났다고 하던데

오늘날 한번 자식들에게 떠밀려 그곳에 유배되면
살아서 다시는 집으로 돌아가지 못하니
그곳이 고려장터가 아니라 무엇이겠는가!

그러니 우리 제정신 가지고 사는 동안 먹고 싶은 것 먹고
가고 싶은 것 가고 보고 싶은 것 보고 하고 싶은 것
하면서 아끼지 말고 좋은 세상 즐겁게 사시길 바랍니다.

129
우물쭈물

95세의 나이에 임종을 앞둔
아일랜드의 소설가 ‘버나드 쇼’.
그는 죽기 전 이러한 말을
묘비에 새겨 달라는 유언을 남기고 떠났다.

“내 인생 우물쭈물하다가 내 이렇게 끝날 줄 알았다”

우리가 살다 보면
우물쭈물하고 망설이게 되는 경우가 많습니다.

그러나 버나드 쇼의 유언처럼
더 이상 우물쭈물 하지 말고, 사고 싶은 것, 먹고 싶은 것,
전부 후회 없이 다 취하며 살았으면 좋겠습니다.

그렇게 망설이다 놓치기엔 너무 아까운 것들이
우리 인생에 펼쳐져 있으니까요.

130

밝게

웃을수록 웃을 일이 생긴다고 한다.
당신에게서 웃음이 떠나지 않는다면
모든 일이 잘 될 수밖에 없지 않을까?

인생을 즐겁게 살고 싶다면
항상 긍정적인 사고를 하며
표정을 밝게 하고 살아보라.

그러다 문득 거울 속 웃고 있는 당신을 본다면
그 속에서 새로운 당신을 만날 수 있을 것입니다.

131
만남

만남에서 중요하게 여겨야 하는 것은
언제 어디서 누구를 어떻게
만나느냐 입니다.

인생은 만남의 연속이기에.
좋은 친구를 만나고,
좋은 이웃을 만나고,
좋은 배우자와 결혼하는 것.

살아가면서 얻게 되는 가장 큰 복은
바로 '인복'이지 않을까요?

132

노년의 삶

노년이 된다면 마음에 새겨야 할 세 가지.

첫째는 버리기. 마음의 욕심을 버리고
불필요한 물건을 버리고 비워내는 삶을 사는 것.

둘째는 줄이기. 예전만큼의 지출에서 줄이고
큰 집에서 작은 집으로 이사하고 간결하게 살아가는 것.

셋째는 나누기. 주변 사람들과 나눠 갖고
함께 쓰며 공유하는 것.

찬란했던 과거를 뒤로 하고 현재의 자신을 인정해
있는 그대로를 살아가는 노년의 삶.

당신의 매일 매일이 멋지고 즐거운 삶이기를
응원합니다.

133
질병

인간이 앓고 있는 질병의 개수는 몇 개일까요?
국제질병분류표에 따르면 총 12,420개라고 합니다.

그중 가장 흔한 병은 잇몸 질환은 치주염이고,
가장 치명적인 질병은 광견병이라고 합니다.
그렇다면 가장 나쁜 병은 무엇일까요?
바로 예고 없이 찾아오는 병.
혈관 질환인 뇌졸중과 심장병이라고 합니다.

이를 예방하는 방법은 규칙적으로 운동하는 것.
바로 걷는 것입니다.

부디 여러분도 자주 걸어서
건강한 삶 사시길 바랍니다.

134
나이들 수록

그럴 때, 이제 그럴 때가 되었다.

누가 만나자고 할 때 바쁘다는 핑계 대고
만나기 귀찮다고 때를 놓치면 더 이상 불러주지 않는다.

만날 수 있을 때 만나자. 걸을 수 있을 때 걷자.
이발할 수 있을 때, 예쁜 옷 입을 수 있을 때,
옷차림 가꿀 수 있을 때, 할 수 있을 때 하자.
그래야 더 늙어서도 할 수 있다.

나이 들수록
아무렇지 않게 하면서 괄시받지 말고
나 자신에 대한 투자를 게을리 하지 말도록 합시다.
투자한 만큼 나에게 돌아오는 때입니다.

135

덧없는 것

흔히들 말합니다.
돈이 있으면 시간이 없고,
시간이 있으면 돈이 없고,
돈과 시간이 있으면 건강이 없다.
인생은 이렇게나 덧없고 부질없는
것이라고 말합니다.

그러니 돈 있을 때 쓰고 돈 없어도 아껴서 쓰고
시간 있을 때 하고 시간 없어도 쪼개서라도 하자.

노년 되어 건강치 못할 때
남아도는 것이 시간과 돈입니다.
젊어서 아껴 쓴다 한들
나이 들면 다 무슨 소용일까요?

할 수 있을 때 하시기 바랍니다.

136
마음

잡는 것

토끼를 잡을 땐 귀를 잡아야 하고,

닭을 잡을 땐 날개를 잡아야 하고,

고양이를 잡을 땐 목덜미를 잡으면 되지만,

사람은 어디를 잡아야 할까요?

멱살을 잡으면 싸움이 나고

손을 잡으면 뿌리치곤 합니다.

그러니 마음을 잡으세요.

그래야 평생 떠나지 않습니다.

가까이 있는 사람의 마음부터

잡을 수 있도록 노력해봅시다.

137
걸음

65세 이상 사람들의 걸음 수와 운동 효과를
10년간 측정한 결과,

하루에
4,000보 걸은 사람은 우울증이 없어졌고
5,000보 걸은 사람은 치매, 심장질환, 뇌줄중을 예방하고
7,000보 걸은 사람은 골다공증, 암을 예방하고
8,000보 걸은 사람은 고혈압, 당뇨를 예방하고
10,000보 걸은 사람은 대사 증후군을 예방할 수 있다고
합니다.

138

꿈

현재가 과거에서 헤어 나오지 못하면
당신은 미래를 잃어버릴 것이다.

아침에 일출이 수면 위로 올라오고
저녁에 석양이 바다 너머 져 버리듯이
오르막이 있다면 내리막이 있듯이
인생일장춘몽 화무십일홍이라 하더라.

한여름 밤의 꿈처럼 제 아무리 붉은 꽃도
채 십일을 넘기지 못하는 것이 자연의 이치.

당신은 부디 과거에 살지 마시기 바랍니다.
비바람 불고 천둥 치는 바다에서도
석양은 아름답게 지고
내일은 다시 붉게 물들게 되니까요.

139
웃는 시간

사람이 평생 80년을 산다면
그중 26년을 잠을 자고,
21년을 일하고,
9년을 먹고 마시지만
웃는 시간은 고작 20일이라고 합니다.

팔십 평생에 겨우 20일만 기뻐하는 건
우리의 삶이 너무 팍팍하다는 것 아닐까요?

웃지 않는 시간의 반만이라도 웃을 수 있다면
삶이 얼마나 즐거워질까요?

행복한 삶은 누가 만들어 주지 않습니다.
바로 나 자신이 만들어가는 것.

앞으로 우리 행복하게 삽시다.

140
식품

여러분께 노화를 막아주는 식품을 소개합니다.
너무 빨리 늙고 싶지 않다면 이것을 많이 먹어야 합니다.

마늘, 콩, 토마토, 등 푸른 생선, 양파, 시금치, 김,
다시마, 버섯, 브로콜리, 녹차, 깨.

다 우리 주변에서 쉽게 구할 수 있는 것들입니다.
천천히 늙고 싶다면 이것들 꼭 챙겨 드시기 바랍니다.

건강하게 천천히 늙어가고 싶다면
건강한 음식을 먹는 것 말고도
규칙적인 운동이 중요합니다.

음식들 꼭 챙겨 드시고
운동도 규칙적으로 하시고
건강하고 젊게 사시길 바랍니다.

141
세상사

세상사 다 자기 마음먹기에 달려 있다고,
즐겁다 생각하면 즐겁고
힘들다 생각하면 힘들고
좋다고 생각하면 좋게 흘러가고
나쁘게 생각하면 나쁘게 흘러갑니다.

마음이 시키는 대로 흘러가는 것이
바로 자신의 운명 아닐까 생각합니다.

그러니 우리,
항상 좋은 생각 하고 즐겁고 웃으며 삽시다.

142

기쁜 일

그리움
누군가가 보고 싶고
자꾸 생각나는 사람이 있다는 건
얼마나 고맙고 좋은 일인가요?

내 주변에,
혹은 아주 멀리
보고 싶은 사람이 있다는 건
아직은 내가 살아 있다는 느낌을 주는
정말 기쁜 일이지 않을까요?

보고 싶구나! 하며
누군가를 그리워하는 감정은
나는 내가 이곳에 실재하고 있음을
스며들게 합니다.

143
중년

나이가 들면 이런 말들이 무겁게 다가옵니다.

새로운 친구를 사귀는 것보다
그동안 사귀었던 친구를 소중히 여기라는 말.

친구 관계가 심하게 비틀렸어도
억지로 화해하려 애쓰다 헛되이 하지 말라는 말.

이제는 내 주변에 있는 사람을 챙겨야 할 때입니다.
자주 만나 소통하면서
즐겁고 풍요로운 나의 노년을 만들어 봅시다.

144
우정

누군가에게 슬픈 일이 생겼을 때
누구보다도 한 걸음 빨리 찾아가는 것.

내 시간이 남아서 찾아가는 게 아니라
내가 바빠도 시간을 내어 함께 있어 주는 것.

인간 대 인간의 사이를 넘어
감정을 교류하고 삶을 동반하는 사이.

진정한 우정이란 바로 그런 것이 아닐까요?

145

범사

희망의 반대말은
절망이 아니라 사망이다.
살아 있다는 것이 곧 희망이기 때문이다.

오늘 하루도 살아 있음에 감사합니다.
살아 있다는 희망으로 나는
오늘도 감사하게 살아갑니다.

146

웃음

웃음은 어디를 가도 번역이 필요 없는 언어다.
웃음은 어떤 병도 고쳐줄 수 있는 만병통치약이다.

내가 웃는 것은
행복해서 웃는 것이 아니다.
웃으면 행복해지기 때문에 웃는 것이다.

당신도 많이 웃어서
행복하고 건강한 삶을 살기를 바랍니다.

147

건강

우유를 마시는 사람보다 우유를 배달하는 사람이
더 건강하다라는 영국 속담이 있다. 조금이라도
더 움직이는 사람이 덜 움직이는 사람보다
건강하다는 뜻이다.

문명과 기술이 발전한 오늘날 우리는
편리함을 추구하며 움직임을 줄여나가고 있다.

자전거가 발명되었고 자동차가 발명되었다.
발을 잘 쓰지 않게 되었다.

편지가 나타났고 전화가 나타났다.
손을 잘 쓰지 않게 되었다.

당신은 이 세상에서 부디 한 걸음 더 움직이고
한 글자 더 써가며 당신의 건강을 잘 챙기시길 바랍니다.

148

후회

어느 한 요양원에서 진행된 설문조사.
죽음을 앞둔 노인들이 죽기 전에 가장 많이 하는
후회 세 가지.

그렇게 열심히 일 할 필요 없었다.
내 감정을 주위에 솔직하게 표현하며 살지 못했다.
친구들과 연락하며 살았어야 했다.

여기에는 돈도,
고급 승용차도,
궁궐 같은 집도,
어떠한 재물과 명예도 없었다.

당신도 이러한 후회를 하기 전에
친구에게 안부 인사 한번 전해보는 것은 어떨까요?

149

고향

내가 살던 고향을 떠올려보자.

머릿속에 남은 풍경,
코에 남은 그곳의 향기,
눈에 남은 그곳의 색채,
귀에 남은 그곳의 소음.

아무 의미 없는 것처럼 보여도
떠올리기만 해도 정겹게 느껴지는 곳.
고향이란 그런 곳입니다.

150

인연

나누어주기

꿀이 있는 곳에는 벌이 모여든다.

베푸는 사람의 곁에도 마찬가지다.

나누어주는 현장에 모여드는 것은 당연한 진리.

살면서 터득하게 되는 이 자연의 이치는

인연을 어리석게 외면하지 말고

감사히 소중하게 여기며 살아가라고 조언한다.

오늘 당신은 당신의 꿀을 나누어주었나요?

당신은 오늘의 인연을 허투루 하지 않았나요?

The Wise Choice and Answer

지혜로운
선택과 정답

The Wise Choice and Answer

제 3 장

선택과 정답

151

인생이라는 것

인생은 생각하는 대로 간다고,
즐겁다 생각하면 즐거워지고
힘들다 생각하면 한없이 힘들어집니다.

세상만사 다 마음먹기 나름이라고,
이제 쓸쓸하고 외로운 내가 아닌
'행복한 사람'으로 마음먹으며
즐겁게 살아가길 바랍니다.

152
친구

어느 날 살며시 허허로운 바람이 내 가슴을 파고들었다.
문득 생각이 들어 전화기를 들었다.
누군가에게 전화해서 '술 한잔 할 수 있느냐?'
라고 물어볼 수 있는 친구가 있는지 생각해본다.
마주 보고 술 한 잔 털어놓으며 힘들다고,
위로해달라고 할 수 있는 친구 있는지 생각해본다.

그리고 또 문득 생각해본다.
누군가에게 나는 과연
자신의 힘겨움을 털어놓고 나눌 수 있는 친구인가?
누군가는 나에게 전화해서
'술 한잔 할 수 있느냐' 라고 물어볼 수 있겠는가?
'그래' 하며 대답할 수 있고 싶다.

당신도 누군가를 반갑게 맞이하기 위해
마음 한 자락 항상 비워 두시길 바랍니다.

153
앞으로

앞으로 어떤 일이 있어도 기죽지 말기.
앞으로 매일 아침 나 자신에게
'오늘도 좋은 하루'라고 외치고 시작하기.

하루의 시작에 기가 살아야 운도 같이 산다.
긍정의 힘은 우리의 삶을 빛나게 해줄 것입니다.

154
이제부터

이제부터 떠나간 것들과 다가올 것들에
연연해하지 않기로 하아려 합니다.

어려운 문제와 힘든 일들을
겸허히 받아들이겠습니다.

지나고 나면 다 아무 것도 아닌 게 될 일들.

이제부터 걱정은 적게,
희망은 많이 갖도록 하겠습니다.
하루하루가 빛나는 날들이 되시기 바랍니다.

155

세상만사

누군가 그런 말을 했습니다.
인생은, 한때 죽을 만큼 사랑했던 사람도 잊혀
그 옆을 덤덤히 지나치게 될 날이 온다고.

한때 비밀을 공유할 만큼 가까웠던 친구도
전화 한 통 없을 만큼 멀어지는 날이 온다고.

한때 죽이고 싶을 만큼 미웠던 사람도
웃으며 다시 만나게 될 날이 온다고.

시간이 지나면 이 모든 게 다 아무 일도 아니게 된다고
그렇게 말을 했습니다.

세상은 다 돌고 도는 것.
그저 흘러가는 대로 살아가다 보면
어느 순간 그렇게 되어 있을 것입니다.

156

공수래 空手來 공수거空手去

살아 있다는 것은 무엇을 의미하는가?
들 숨 한번 마시고, 날 숨 한번 뱉고.
한 번 가졌다가 한 번 버렸다가,
그게 바로 살아 있다는 증표 아닐까?

인생사 '공수래空手來 공수거空手去'
왔던 것은 가야하고 갔던 것은 와야 한다.
그러다 어느 순간 들이마신 숨 내뱉지 못하면...

당신도 부디 깨달은 삶
멋진 날들 되시기 바랍니다.

157
첫사랑

누구에게나 다 첫사랑이 있을 것입니다.

설레고 풋풋했던 그 때처럼
삶이 고달프고 힘들 때 첫사랑의 기억을 떠올려보면
가슴이 조금은 따뜻해지지 않을까요?

힘들고 지친 하루가
조금은 새롭고 설레게 느껴지지 않을까 합니다.

지금 내 곁에 있는 사람을
첫사랑처럼 대하시면
햇살이 환하게 비치게 될 거에요.

158

말

나는 평상시에 주로 어떤 말을 사용할까?
어떤 단어를 주로 쓰고
어떤 어미로 말을 끝내고
어떤 어조로 대화를 주고 받을까?

말에는 힘이 깃들어 있다고 한다.
화초에게 '사랑한다'는 말을 하면
죽어가는 식물도 살아난다고 한다.

수돗물을 컵에 담고 '좋은 물'이라는 말을 하면
그 자리에서 성분이 변한다고 한다.

강력한 말의 힘,
기왕에 하는 말 앞으로는 정성스럽게 말하며 지내요.

159

괜찮다

괜찮다. 괜찮다. 다 괜찮다.
나는 이 말이 정말 마음에 든다.

이 세상에 걱정 없는 삶이 어디 있으며
어려움 하나 없는 삶이 어디 있겠는가.

그러나 안달복달 살아가는 세상 속에서
때로는 '괜찮다'라는 마음으로
자신을 보듬아주는 것이 필요하다.

그리고 어쩌면 모든 것은 지나친 기우일지도 모른다.
우리는 처음부터 아무것도 가지고 있지 않아서,
잃어봐야 본전인 셈일지도 모른다...

그러니, 우리는 정말 괜찮다라고 생각 해 보아요.
마음 속의 바위가 하나 덜어질 것입니다.

160
인과응보

선업을 행하면 선한 결과가,
악업을 행하면 악한 결과가
반드시 뒤따르는 것.

내가 먼저 상대를 대접해야 나도 대접받을 수 있고
내가 상대를 무시하면 상대도 나를 무시한다.

상대는 내가 주는 것이 어떤 것이든 결코 잊지 않습니다.
그것이 선행이든, 악행이든.
그러니 당신은 매사 명심하시기 바랍니다.

161
말

말을 다 쏟아내면 공허함이 밀려오고
마음을 다 주고 나면 허탈함이 밀려옵니다.

내가 가진 것을 탕진하게 되면 불안해지고
젊음과 건강을 유혹 속에 흘려 버리게 되면
나중에 크게 후회하게 된답니다.

소중한 것들은 여백을 남겨 놓아야 하는 것이라 하지요.

162

3가지

신이 사람에게 내려준 금이 세 가지 있다고 한다.

첫째는 황금(경계)이며,
둘째는 소금(건강)이고,
셋째는 지금(시간)이다.

이 세 가지 중에 제일 중요한 것은
바로 지금입니다.
현재를 소중히 하고
시간을 아껴 씁시다.

163

길

갈 수 없게 하고 싶어도
가야만 하는 것이 시간이고
만나고 싶지 않아도
만나지는 게 세월입니다.

나 홀로 더디게 간다고 혼낼 이 하나 없으니
천천히 옆에 길도 둘러보고
혹은 바닥에 꽃이 피었나 살펴도 보고
그렇게 산책하듯 흘러가는 길이었으면 좋겠습니다.

164

나

이제부터 무엇을 하던지
그 이유의 처음에 나를 두어보자

나를 위해 선물하고
나를 위해 웃어보고
나를 위해 살아보자.

그렇게 나 자신에게
아낌없는 지지와 격려를 보내보자.
그동안 잘 살아왔다고,
그동안 잘 버텨 주었다고...

이제는 그런 것 한번 쯤
받아봐도 괜찮을 때.
그렇게 생각합니다.

165

일방통행

세월이 빨리 흐른다는 것은
누구나 다 느끼고 있는 사실이다.

그리고 나이를 먹을수록
그 사실이 더욱 확연히 느껴진다.

길을 걷다 문득, 인생길은 한번 걸으면
되돌아올 수 없는 일방통행로나 다름없다던
친구의 한마디가 문득 떠오른다.

언제 만나고 헤어질지도 모르고
그저 기약 없이 살아갈 뿐인 우리들의 인생.

그렇기에 서로를 위로하고,
용서하고, 안아주며, 손뼉 쳐주는,
그런 살 맛 나는 인생으로 가꿔나가야겠습니다.

166
생각

가난한 사람에게 복이 무어냐 물으면
돈 많은 것이 복이라고 답한다.

돈 많은 사람에게 복이 무어냐 물으면
건강한 것이 복이라고 답한다.

결국 복은 무엇일까요?
남에게는 있는데 나에게는 없는 것.
그것을 얻게 되는 것을 복이라고
사람들은 생각하는 것 같습니다.

역으로 생각하면 남에게는 없는데 나에게 있는 것.
그것이 복이 아닐까요?
생각을 바꾸면 모든 것이 복이 됩니다.

167
휴식

휴식에는 두 가지 종류가 있다.
하나는 소극적 휴식이고,
다른 하나는 적극적 휴식이다.

소극적 휴식은
움직이지 않고 취하는 휴식으로
잠을 푹 자거나 침대에서 빈둥거리는 것을 뜻 한다.

적극적 휴식은
근육에 산소를 보내고 혈액순환을 촉진하며
피로물질인 젖산을 제거할 수 있는
주변 산책, 가벼운 운동 등을 의미한다.

여러분은 쉴 때는 적극적으로 쉬었으면 좋겠습니다.

168
흠집

살면서 흠집 없는 사람이 있을 수 있을까?
그저 드러내지 않을 뿐,
다들 하나쯤은 가지고 살아간다.

세상에는 셀 수도 없이 많은 흠집을 가지고
당당하게 살아가는 사람들이 있다.

매일 아침 야채를 써는 칼에 손등이 베인 가게 사장,
경기를 하면서 부상을 입은 운동 선수들,
화마에 대항하며 입은 화상을 안고 사는 소방관,
나무를 베는 톱에 상처가 난 목수들,

어느 누구나 다 흠집 하나씩 가지고 살아갑니다.
밤새 근심 걱정에 시달려도 아침에는 해가 떠오르듯
그렇게 당연하게 매일 아침 눈을 뜨며.
세상은 그렇게 돌아가는 겁니다.

169
다쓰회

'쓴만큼 내 재산이다.!'

통계적으로 중산층의 경우
자기 재산의 30% 정도만 쓰고 죽는다고 한다.

그래서 그런가,
서울 어느 고등학교 동기회 소모임에는
'다쓰회' 라는 것이 있다고 한다.
'다 쓰고 죽자'라는 사람들의 모임.

이들은 자신이 번 모든 재산을 다 쓰고 죽겠다고 한다.
모아둔 것들 안 쓰고 물려줘봤자
자식들끼리 서로 내가 갖겠다 다툼이나 할 터이니
물려주는 것 하나 없이 자신의 대에서 끝내겠다는 뜻이다.

당신은 이에 대해 어떻게 생각하시는가요?

170

세옹지마

새옹지마〔細翁之馬〕
삶의 길흉화복은 변화가 많아
예측하기가 어렵다는 말이다.

아무리 힘든 고난과 역경이 닥친다 해도
절망의 극한 속에서 두려워하지 않으면
불행을 행운으로 바꾸는 역전의 기회를
손에 넣을 수 있다.

인생사 새옹지마라 합니다.
어떤 상황에서도 낙심하지 말고
불행을 다행으로 바꾸는 지혜로운 이.
바로 당신이었으면 좋겠습니다.

171
소탈함

사람이
나이가 들어
갈 곳 없고 할 일 없으면 안 된다.
주책없이 완고해서도 고집스러워서도 볼품없다.
잘난 체, 아는 체 해서는 더욱 안 된다.

그저 단순하고 소박하며 소탈함이 좋다.

돈이 아무리 많아도
제대로 쓸 줄 모르는 이가 있다면
대접을 받을 수가 없는 사람이 되며
그건 가난뱅이만도 못한 사람이 되겠지요.

172

늙음과 낡음

곱게 늙어가는 이를 보면
마냥 부럽기도 하고
나도 저렇게 늙어가야겠다고
다짐해보곤 한다.

늙음 속에 낡음이 있지 않고
되려 새로움이 있는 것이다.

늙음과 낡음.
글자로는 불과 한 획의 차이밖에 없지만
품은 뜻은 서로 정반대의 길을 달릴 수 있다.

우리 모두 고운 마음 간직하고
아주 곱게 늙어갔으면 좋겠습니다.

173
식사 후

노후 건강을 위한 식후칠계명(食後七械命).

송나라 이지언의 '곡소견(東谷所見)'에 보면
[반후행삼십보(飯後行三十步)
불용개약포(不用開藥包)] 라는 것이 있다.

식사 후 삼십 보를 걸으면
약봉지가 필요 없다는 뜻으로
그만큼 식사 후 행동이 중요하다는 뜻이다.

식후에 바로 담배, 과일, 차 마시지 말고
많이 걷지 말고 목욕하지 말고
잠 자지 말고 허리띠 풀지 말 것.

건강한 노후, 삶의 만족도가 높은
인생을 위한 실천은 바로 지금부터입니다.

174
이해타산

세상을 너무 계산하지 말며
이해타산적으로 살아가지 말아요.

사람을 판단하면서
그 효용성만을 재려 하지 말아요.

그리고 세상과 등 돌려 살지 말아요.
등 돌린 만큼 외로운 게 사람입니다.

내게 충분한 것은 나눌 줄도 알고,
애써 등 돌리려고 하지 말고
유하게 살아가야겠습니다.

175

늙음

늙으면 자유로워진다.
자고 싶으면 자고 먹고 싶으면 먹고
웃고 싶으면 웃고
내 마음대로 할 수 있는 자유
늙어서가 아니면 언제 누릴 수 있을까?

늙으면 행복해진다.
일하기 싫으면 놀고 놀기 싫으면 일하고
머물기 싫으면 떠나고 떠나가 싫으면 머물고
바람처럼 살 수 있는 이 행복
늙지 않으면 어떻게 누릴 수 있을까?

하고 싶은 일 하면서
친구들과 산에 바다에도 가고
맛집 찾아가며 식도락도 즐기고
그렇게 여유롭게 살아가시길 바랍니다.

176
오랜 친구

좋은 친구가 단 한 명이라도 있다는 것은
인생에 가장 큰 축복입니다.

좋은 친구란 언제 어디서든 대화가 잘 통하고
곁에 없을 때 문득 보고 싶고
만나면 그저 즐거운 사람.

오랜 친구가 좋은 이유 중 하나는
내가 실수를 하거나 조금 부족하고 모자라도
약점이 되지 않습니다.
친구는 그런 나를 언제나 감싸안아주지요.

서로 이해해주고 챙겨주는
그런 허물없는 사이.
바로 그 오랜 친구,
당신도 한 친구 있으시지요?

177
다 같이

남을 위해 한 배려는
나에게로 돌아옵니다.

나만 괜찮으면 되는 것이 아닙니다.
다 같이 괜찮아야 하며
다 같이 괜찮아야 정말로 괜찮은 것입니다.

남을 위한 배려는
곧 나 자신을 위한 배려이기도 합니다.

한 번쯤은 나를 위한다는 생각으로
남을 위해보는 것은 어떨까요?

남을 위한 배려가 그것은 바로
나 자신을 위한 것이 될 것입니다

178
내 돈

존재한다는 것은 자기만족일 뿐,
허울 좋은 빛 좋은 개살구 같은 것.

재산이 많다고 부러워할 것이 아니고
재산이 적다고 비웃음 당할 것이 아니다.

아무리 가진 것이 많다 해도
그것을 적재적소에 쓰지 못한다면
그만큼의 대우를 받을 수 없는 법.

통장에 있는 돈이라고 해서
다 내 것이라고 할 수 없습니다
생전 나를 위해 쓰고 죽은 돈만이
진정한 '내 재산' 이인겁니다.

179

그냥

사람을 좋아하는 수만 가지 이유 중
가장 멋진 하나를 꼽으라면
"그냥"을 고르겠습니다.

논리적이지도 과학적이지도 않지만
왠지 "그냥 좋아"라는 말이
나는 그냥 좋습니다.

사람을 좋아하는데
꼭 이유가 있어야 할까요?

이유 없이
그냥
그 사람을 좋아해도
괜찮지 않을까 해요.

180

행복한 일

좋은 사람을 만나는 것만큼
즐겁고 행복한 일이 없습니다.

서로에게 힘이 되어 주는 이를 만나는 것만큼
큰 기쁨을 주는 일도 없습니다.

나이가 들어가면서
사람을 만나가면서
더욱 그렇게 느끼는 것 같습니다.

181

말 한마디

프랑스에 있는 어느 한 카페는
특이한 가격표를 매긴다고 합니다.

"커피-" 라고 반말하는 사람에게는 1만원.
"커피 주세요" 라고 주문하는 사람에게는 6천원.
"안녕하세요, 커피 한 잔 주세요." 라고 말한
예의 바른 손님에게는 2천 원에 판매한다고 합니다.

가격표를 만든 카페 주인은
손님이 종업원에게 함부로 말하는 것에서
아이디어를 착안했다고 합니다.

그곳에서는 상대방을 존중하는 것만으로도
커피를 5분의 1 가격으로 마실 수 있습니다.

182
쉬엄쉬엄

『청산리 벽계수야 수이 감을 자랑마라
일도창해 하면 돌아오기 어려오니
명월이 만공산 하니 쉬여간들 엇더리.』

조선 후기 기생 황진이의 시 구절.
청산에 흐르는 시냇물에게
한번 넓은 바다에 이르면 다시 돌아오기 어려우니
빨리 흘러가는 것을 자랑하지 말라고 타이르고 있다.

밝은 달이 텅 빈 산을 가득 비추고 있다.
잠시 쉬어간들 어떠하겠는가?

한 번 가면 그만인 우리 인생
지금부터라도 쉬엄쉬엄 가면 좋겠습니다.

183
동심

말이나 행동에 아무런 거짓이나 꾸밈이 없이
매우 순수하고 참된 천진난만한 마음가짐.

나의 어렸을 적 모습.
어린 시절을 함께한 동심.

그때 그 시절이 성장해
현재의 여기까지 자랐다.
지금 보니 제법 잘 큰 듯하다.

파릇파릇 했던 모습은 온데 간데 없지만
난 그래도 지금이 가장 좋습니다.

184

평안한 삶

앞으로 얼마나 많은 세월이 남아 있을까요?
확실한 것은 내가 살아온 날들보다는
그 시간이 적을 것이라는 것.

그렇다면 어떻게 살아야
후회 없는 삶을 살 수 있을까요?

앞으로의 삶을 덤이라 생각하며 산다면
조금 더 편안하게 살 수 있지 않을까 싶습니다.

185

참된 행복

살면서 좋은 일과 영광스러운 일은
상대에게 미루고
욕되고 비난 받는 일들은 나에게 돌리는 것이
공부 가운데 가장 큰 인생 공부입니다.

가장 용기 있는 사람은
자신이 옳음에도 남에게 질 줄 아는 것이겠지요.

내가 다 옳다는 생각과
상대가 다 틀리다는 생각을 버리게 될 때,
나의 허물과 나의 잘못이 무언지를 투명하게
반조 할 수 있게 됩니다.

나 혼자만의 행복이 다가 아니고
타인과 함께 할 때 행복은 배가 됩니다.
그 삶이 행복한 삶입니다.

186

서운함

사람은 백번 잘 해주어도
한 번의 서운함을 기억하는 편입니다.

사람의 마음은 참으로 간사해서
많은 좋았던 기억보다
단 한 번의 서운함이 오래 기억되며
실망하며 관계가 소원해지는 경우를 종종 봅니다.

마음속에 응어리가 되어
남아 있는 서운함보다는
좋았던 감정,
행복했던 추억을
먼저 떠 올릴 수 있는
현명한 사람이 되어 보시기 바랍니다.

187

궁합

혼인할 남녀의 생년월일시를 음양오행에
맞추어 부부로서의 길흉을 예측하는 점占

그렇지만
세상을 살아가다 보며 터득하는 것은
지인들과도 궁합이 더욱 맞는 사람이
따로 있는 걸 느끼곤 합니다.
요즘 말로 코드가 맞는 사람이라고 하지요.

이제부터는 유난히 곤란한 관계에 힘을 기울이기 보다는
마음 맞는 사람들끼리 어울려져 가는 것이
건강한 삶이 아닐까 합니다.

188

희노애락

매력적인 삶이 따로 존재한다면
그건 스스로 만족하는 삶일 것입니다.

때로는 상처도 겪고 실망도 하게 되고
때로는 충만한 기쁨도 찾아오지만
살면서 우리가 겪게 되는
희노애락을 포용할 수 있어야 잘 사는 삶입니다.

팔자를 바꾸려면 습관부터 고쳐라 하는 말이 있습니다.
관습(慣習)을 타파하지 않으면
좋지 않은 습관(習慣)에 얽매여 살아가게 됩니다.

189

날마다 좋은 날

날마다 좋은 날 되십시오.
아침마다 보내는 안부 인사입니다.

나는 행복합니다.
나는 운이 좋은 사람입니다.
아직은 살아 볼만한 세상이야.
이렇게 아침에 눈을 뜨는 순간부터
주문을 외워보세요.

그 순간 마법처럼
파동이 생겨
생각과 행동이 바뀌며
습관이 바뀌고
인격이 변합니다.

190

무상제공

사람들은 무심코 의식하지 못하고 살아가지만
돌아보면 세상에 아름답고 중요한 것들은 다 공짜입니다.
무상으로 제공받아 누리고 살아가는 셈이지요.

눈부신 햇살
투명하고 맑은 공기
하늘에 둥실 떠다니는 흰 구름
시원한 바람
밤하늘의 총총한 별들
화사하게 피워나는 꽃들의 향연 등

우리가 살아가는 세상에 아름다운 것들은 다 무상입니다.

191
메아리

삶을 즐기며 사는 사람들은
메아리의 법칙을 알고
있는 사람들입니다.

비난을 하면 비난으로,
응원을 하면 응원으로,
축복을 하면 축복의
메아리로 돌아온다는 것이지요.

그러기에 누가 흉을 본다고 속상해 할 일도
누가 배신했다고 아파 할 일도 없는 것입니다
삼라만상이 다 원인과 결과로 이루어져 있으니까요.

단지 지금 현재의 삶에 충실하시면 되는 것입니다.

192
내적 수양

상호불여신호 신호불여심호
相好不如身好 身好不如心好

관상 좋은 것이 신상身相 좋은 것만 못하고
신상 좋은 것이 심상心相 좋은 것만 못하네.
-마의 상서- 중에서

백범 선생의 마음을 움직인 글이라 합니다.
결국 우리가 살아가는 동안에 중요한 것은
환경이나 조건 등의 외형적인 것보다
자신의 마음을 어떻게 다스리는 내적 수양이
우선일 듯 합니다.

내 주변의 환경과 외적 현실에 낙담 마시고
다시 일어서 봅시다.
날마다 좋은 날 되시기 바랍니다.

193

수업료

하루의 시작은 냉수로 시작하고
한해의 시작은 냉기를 마시고 시작합니다.

돈보다 사람을 남기는 이문을 챙기시길 바라고
실패와 좌절도 살아가면서 해야 할 공부이기에
값진 수업료다 생각하시기 바랍니다.
인생은 끝날 때까지 끝이 난 게 아니니까요.

194

함께 하는 세상

물은 바위 절벽을 만나
아름다운 폭포를 만들고

석양은 구름을 만나
붉은 노을을 물들이며

인생도
좋은 벗을
만나야
고독하지 않습니다.

좋은 벗들과 함께 하는 삶,
"당신께서 살아가는 삶이 멋진 인생입니다."

195

덕행

도리불언 하자성혜

桃李不言 下自成蹊

-사마천 사기-

복숭아나 오얏(자두)나무는 말은 하지 않아도

꽃이나 열매에 끌려 사람들이 찾아 들으므로

그 밑에는 자연 길이 생긴다는 말.

德行(덕행)이 있는 사람은

無言(무언)중에 남을 심복시킴을

비유하는 말이기도 합니다.

인생이 곤궁하거나 주위에 사람이 없다면

지나온 인생을 돌아보시기 바랍니다.

(당신께서는 어디서든지 필요한 사람이 되시기 바랍니다.)

196

꿈

『아름다운 얼굴이며 밝은 웃음도
풀잎에 맺힌 이슬처럼 사라지고
난초처럼 향기로운 언약도
바람에 흩날리는 버들가지처럼 지나갔습니다.
이제 생각해보니,
예전의 기쁨이 바로 근심의 뿌리였습니다.』
-삼국유사 제 3편 「탑상」편 중에서-

조신몽의 꿈 속 이야기가 아주 흥미롭습니다.
꿈과 현실을 구분하지 못하고 살아가는 날들이
어제의 근심으로 오늘의 근심이 되고
오늘의 근심이 내일에는 기쁨이 되기도 합니다.

197
잉태

봄은 천지만물이 소생하듯
새로운 생명이 잉태되는 계절입니다.

봄을 노래하는 시인들은
햇살의 따사로움
꽃망울의 아름다움
새싹이 돋아나는 봄을 노래하곤 합니다.

겨우내 움츠리고 동토에서 만물이
잉태되고 태어나는 계절.

겨울은 천천히 물러가고 있고
봄은 우리에게 서서히 다가오고 있습니다.

198
나이테

오래 된 나무를 보면
엄청난 나이테를 가지고 있습니다.

그 나이테는 하루아침에 만들어진 것이
아니라 몇 백 년, 몇 천 년이 흘러서
만들어진 것입니다.
그 나이테는 거센 바람과 뜨거운 태양의 시간을
견뎌낸 기록이기도 합니다.

나무한테는 성장한다는 그 자체가 고통이기도 합니다.
성장한 만큼 살이 터지고
껍데기의 상처는 안으로 들어가
숙성되면 나이테가 된 것이지요.

우리 삶도 상처와 아픔이 겹겹이 쌓여
나무 한 그루처럼 살아가시기를 응원 드립니다.

199

쉼표와 마침표

살다보면

쉼표 하나 필요 할 때가 있고

마침표 하나 필요 할 때가 있습니다.

지금 쉼표 하나와 마침표 하나의 의미가 따로 있을까요?

삶 자체가 쉼표요,

마침표임을.

한 박자 쉬어가도 끝에선 만나게 될 테니까요

200
입춘대길

입춘대길 건양다경
立春大吉 建陽多慶
"봄이 시작되니 크게 길하고 경사스러운
일이 많이 생기기를 기원 합니다"라는 뜻으로,
긴 겨울이 지나고 봄이 시작되었음을 알리는
자축하는 뜻도 있지만 풍년을 기원하는 뜻이
담겨있다고 합니다.

당신에게는 이런 인사를 드리고 싶습니다.
건양다정 建陽多情
올 봄에는 경사스러운 일도,
정이 오가는 일도 많이 생기기를
바랍니다.

지혜로운
선택과 정답

초판 1쇄 발행 2022년 3월 15일

지은이 윤 신
펴낸이 변성진
디자인 홍성주 · 임승연
펴낸곳 도서출판 위
주소 경기도 파주시 광인사길 115(문발동 507-8)
전화 031-955-5117 | 팩스 031-955-5120
홈페이지 www.wegroup.kr

ISBN 979-11-86861-13-4 03190